독독독
독일어 모의고사

telc
Deutsch
B2

Modelltest für telc Deutsch B2

독 독독독

독일어 모의고사 telc Deutsch B2

Textquellen | **SPIEGEL ONLINE** 과 제휴한 콘텐츠가 함께 제공됩니다.

초판 1쇄 발행 | 2022년 9월 21일
지은이 | Maria Loiztenbauer, Samuel Trippler

감수 | 이윤복
디자인 | 백현지

발행인 | 안희철
펴낸곳 | 노이지콘텐츠(주)
출판등록 | 2014년 1월 17일 (등록번호 301-2014-015)
주소 | 서울특별시 마포구 동교로23길 32-15
전화 | 02-775-0582
팩스 | 02-733-0582
이메일 | info@noisycontents.com

www.dasdeutsch.com

ISBN 979-11-6614-616-9 (13750)

* 본 책은 저작권법에 의해 보호를 받는 저작물이므로 무단 전재와 복제를 금합니다.
* 잘못된 책은 구입처에서 교환하여 드립니다.

차례

머리말 5

응시 전에
시험 안내 6
영역별 안내 8

Modelltests
Modelltest 1 19
Modelltest 2 41
Modelltest 3 63

정답
Modelltest 1 86
Modelltest 2 92
Modelltest 3 98

*교재에 수록된 지문의 내용은 허구이며, 실제 사실과는 다를 수 있습니다.

머리말

<독독독 독일어 모의고사 telc Deutsch B2>를 보고 계신 여러분은 이미 B2 공부를 마치고, 이제 B2 단계를 마무리 짓고 싶을 것입니다. 그리고 마무리하는 과정으로 B2 어학 자격증을 취득하거나, 아니면 자신이 B2에서 필요한 내용을 잘 학습하였는지 확인해 보고 싶은 분도 있을 것입니다.

본 교재는 위와 같은 학습자를 대상으로 telc Deutsch B2의 실제 시험 유형을 익히고 준비하는 데 도움을 주고자 제작되었습니다. 여러분은 이 교재를 시험 직전에 유형을 파악하는 용도로 사용할 수도 있고, 혹은 시험에 응시하지 않더라도 자신의 실력이 어느 정도인지 확인하는 용도로 사용할 수도 있습니다.

위와 같은 목적에 충실한 교재를 만들기 위해, 전반적인 시험 안내와 모의고사 3회라는 간결한 구성으로 교재를 제작하였습니다. 덕분에 분량은 부담 없지만, 그만큼 더 목표에 집중한, 깊이 있는 교재를 제작할 수 있었습니다. 군더더기 없이 꼭 필요한 내용을 원하는 학습자에게 맞춤 교재가 될 것입니다.

교재 구성 및 중요 안내

본 교재는 크게 세 부분으로 나뉩니다. 첫 번째 부분인 **응시 전에**에는 전반적인 telc Deutsch B2 시험 안내를 실었고, **Modelltests**에는 실제 시험 유형에 맞는 모의고사 3회분을, 마지막에는 **정답**을 실었습니다.

- **응시 전에**에는 시험 소개, 응시 원서 접수 방법, 시험 구성 등 사전에 알아야 할 사항을 앞에 밝혔습니다. 이어서 시험 진행 순서와 방식 등 telc Deutsch B2 시험이 어떻게 진행되고 문제 유형이 어떠한지 상세히 설명하여 실제 시험을 볼 때 도움이 될 수 있도록 하였습니다.

- **Modelltests**에는 시험을 보는 감각과 경험을 최대한 재현할 수 있도록 문제를 배치하고 출제하였으니, 이 점을 충분히 활용하여 실제 시험을 보듯이 시간을 맞춰서 모의고사를 풀어 보시기 바랍니다. 모의고사에 실은 문제는 B2 수준에 맞는 내용과 시험 출제 의도를 충분히 반영하여 시험 준비에 실질적으로 도움이 될 수 있도록 연구한 결과입니다.

- **중요! 듣기 시험 음성**은 Hören 시험 첫 장에 있는 QR 코드에 연동된 주소에서 들을 수 있습니다. 듣기 음성 파일은 하나의 모의고사당 1개의 파일로 만들어져 있으며, 해당 음성 파일은 실제 시험시간을 고려하여 음성 시작부터 끝 부분까지 실제 시험시간 내 정답 작성 시간이 포함되도록 제작되었습니다. 듣기 시험 시작 직전 파일을 재생하시고 파일 재생이 끝나기 전 반드시 모든 Teil의 정답체크를 완료해야 합니다. 듣기 시험 Teil 간 아무 음성이 들리지 않는 재생 시간 안에 해당 Teil 정답을 체크해야 합니다.

- **정답**에는 듣기, 읽기 시험 정답과 쓰기, 말하기 시험 예시 정답을 실었습니다. 여기에 더해 좀 더 깊이 학습하고 싶은 분을 위해 각 Modelltest 정답에 정답 해설과 듣기 지문을 내려받을 수 있는 QR 코드를 함께 제공해 드립니다.

이제 준비되셨나요?

Wir wünschen Ihnen viel Erfolg und Spaß mit den Übungsprüfungen und drücken Ihnen die Daumen für die Zertifikatsprüfung.

Toi toi toi!

시험 안내

☑ telc?

telc는 The European Language Certificates의 약자로 CEFR(유럽 언어 공통 기준)에 따라 외국어 능력을 평가하는 어학 시험입니다. telc 어학 자격증은 국제적으로 인정받고 실시되는 공인 어학 자격증으로, 한국을 포함한 25개국 3000여 개 이상 기관에서 응시할 수 있습니다.

그 가운데 본 교재가 다루는 telc Deutsch B2는 유럽 언어 공통 기준에 따라 만든 독일어 능력 인증 시험입니다.

☑ 원서 접수

- telc 시험은 telc gGmbH와 협약을 맺은 Prüfungszentren에서 응시할 수 있습니다.
- 각 Prüfungszentrum의 위치와 연락처 등은 telc 홈페이지의 'Prüfungszentrum finden' 항목에서 검색할 수 있습니다.
- 각 단계 시험 시행 여부와 원서 접수 방식/기간은 시행 기관별로 상이합니다.
- 지필 시험과 구술 시험 중 하나만 불합격한 경우 이듬해의 마지막 시험까지 해당 부분만 추가 응시가 가능합니다.

☑ 준비물

- 신분증
- 연필 또는 샤프 펜슬(B2 권장), 지우개
- 사전, 전화기, 기타 전자 기기 등은 사용할 수 없습니다.

☑ 응시 대상

- 전반적인 독일어 실력이 높음을 증명하려는 사람
- B2 단계 수료를 증명하려는 사람
- 세계적으로 인증받을 수 있는 공식 증명서를 원하는 사람

✅ 구성

독해와 언어 구성 요소 — 90분

독해에서는 중간 길이인 글, 긴 글, 정보가 담긴 글 등을 읽고 문제를 풀고, 언어 구성 요소에서는 지문에 있는 빈칸에 알맞는 문법 형태나 어휘를 채워 넣습니다.

청해 — 약 20분

뉴스, 라디오 인터뷰, 의견 등을 듣고 각 문제가 참인지 거짓인지 풉니다.

글로 표현하기 — 30분

문제 두 개가 제시되며, 이 가운데 하나를 골라 반격식체로 이메일을 작성합니다.

말로 표현하기 — 준비 20분 + 시험 약 15분

자신의 경험을 발표한 뒤 문답하고, 토론하고, 상대와 함께 계획을 짭니다. 사전 준비 시간이 20분 제공된 뒤, 약 15분 동안 시험이 진행됩니다.

✅ 합격증이 인증하는 독일어 능력

- 광범위한 주제와 관련있는 내용을 명확하고 상세하게 표현할 수 있습니다.
- 현 상황에 입장을 표명하고 예측되는 장, 단점을 제시할 수 있으며, 효과적으로 논증하고 협상할 수 있습니다.
- 일반적인 주제 대부분부터 자신의 전문 분야에 달하기까지 방대한 어휘를 알고 있습니다.
- 문법을 상당히 잘 파악하고 있습니다.
- 구체적이거나 추상적인 내용을 담은 복잡한 글의 주요 내용을 이해합니다.
- 독일어 화자와 서로 큰 지장 없이 즉각적이고 유창하게 일상 대화가 가능합니다.

✅ 성적 확인과 합격증 수령

- 시험 결과는 통상 6주 정도 뒤에 통보됩니다.
- 합격증 수령 방식은 시행 기관별로 상이합니다.

영역별 안내

✅ Leseverstehen und Sprachbausteine 독해와 언어 구성 요소 · 90분

Teil	목표	지문 종류	문제 유형	문항 수	배점
1	전체적 이해	신문이나 잡지 기사, 정보 글 등	짝 맞추기	5	25
2	상세한 이해	신문, 잡지, 인터넷 등의 글	삼지선다	5	25
3	선택적 이해	정보지나 유인물의 광고나 발췌	짝 맞추기	10	25

Teil	목표	문제 유형	문항 수	배점
1	문법 이해	삼지선다	10	15
2	어휘	짝 맞추기	10	15

✅ Hörverstehen 청해 · 약 20분

Teil	목표	지문 종류	문제 유형	문항 수	배점
1	전체적 이해	시사, 정치, 스포츠, 문화 등과 관련한 뉴스	참/거짓	5	25
2	상세한 이해	라디오 대담	참/거짓	10	25
3	선택적 이해	안내 방송, 자동 응답기 음성 등	참/거짓	5	25

Schriftlicher Ausdruck 글로 표현하기 · 30분

목표	문제 유형	분량	배점
필요한 내용을 담아 형식에 맞춰 글쓰기	반격식 또는 격식체로 이메일 쓰기	150자 이상	45

 ## Mündlicher Ausdruck 말로 표현하기 · 약 35분

준비 시간 20분 + 시험 시간 약 15분: 약 35분

Teil	목표	시간(분)	배점
1	경험 말하기	약 2.5/인	25
2	토론하기	약 5	25
3	함께 계획하기	약 5	25

각 Teil의 배점은 다음과 같습니다.

항목	표현 능력	과제 수행 능력	형식 적합성	발음과 억양
배점	7	7	7	4

시험 진행에 앞서

전체 시험 일정은 크게 두 부분으로 나뉩니다. 먼저 지필 시험에 해당하는 독해와 언어 구성 요소, 청해, 글로 표현하기 시험을 진행합니다. 소요 시간은 대략 2시간 20분 가량이며 중간에 쉬는 시간은 없습니다. 구술 시험은 시험 전에 20분 동안 준비 시간이 제공된 뒤, 약 15분 동안 진행합니다. 구술 시험은 지필 시험과 같은 날에 진행할 수도, 다른 날에 진행할 수도 있으며, 이는 각 Prüfungszentrum에서 확인할 수 있습니다.

지필 시험은 답안 작성지인 Antwortbogen에 연필로 답안을 작성합니다. 독해와 언어 구성 요소, 청해, 글로 표현하기 시험이 끝날 때마다 세 번에 걸쳐 각 시험에 해당하는 Antwortbogen을 걷어 가니, 문제를 풀면서 Antwortbogen에 답을 기입하세요. 문제지인 Aufgabenheft에 적은 내용은 채점에 반영되지 않습니다.

> 시간에 맞춰서 Antwortbogen에 답을 기입하며 풀어 보세요!
>
> 최신 Antwortbogen 양식은 telc 홈페이지 Übungsmaterial 항목의 Übungstest 문서를 활용하시기 바랍니다.

원칙상 구술 시험은 응시자 두 명이 한 조로 짝을 지어 진행됩니다. 구술 시험 응시자 수가 홀수인 경우 한 조만 세 응시자가 함께 약 25분 동안 시험을 보고, 응시자가 한 명일 경우 시험관 중 한 명이 대화 상대를 맡습니다.

만점은 총점 300점으로, 지필 시험 225점(독해 75, 언어 구성 요소 30, 청해 75, 글로 표현하기 45), 구술 시험 75점입니다. 총점에 따라 성적을 매기며, 합격 기준은 지필 시험 135점, 구술 시험 45점, 총점 180점 이상입니다.

총점	성적
270~300	sehr gut
240~269.5	gut
210~239.5	befriedigend
180~209.5	ausreichend
0~179.5	nicht bestanden

✅ 시험 진행

지필 시험

1. Antwortbogen을 우선 나눠 줍니다. 이름을 비롯한 개인 정보와 Testversion, Prüfungszentrum 등을 Antwortbogen에 적습니다.
2. Aufgabenheft를 나눠 주면 독해 시험과 언어 구성 요소 시험이 중간에 쉬는 시간 없이 90분 동안 진행됩니다.
3. 독해와 언어 구성 요소 시험이 끝나면 해당 Antwortbogen을 걷어 가고, 쉬는 시간 없이 바로 청해 시험이 약 20분 동안 진행됩니다.
4. 청해 시험이 끝나면 해당 Antwortbogen을 걷어 가고, 쉬는 시간 없이 바로 글로 표현하기 시험이 30분 동안 진행됩니다.
5. 글로 표현하기 시험이 끝나면 나누어 주었던 모든 종이를 회수하고, 지필 시험이 종료됩니다.

구술 시험

1. 구술 시험은 시험 준비 시간 20분, 시험 시간 약 15분으로 총 약 35분 동안 진행됩니다.
2. 시험이 진행되기 전에 응시자 두 명은 시험지와 메모지를 받고, 20분 동안 시험을 준비합니다.
3. 시험이 시작되면 우선 약 1분 동안 응시자는 서로 짧게 소개합니다. 이 부분은 채점하지 않습니다.
4. 부분 1에서는 자신의 경험을 소개하고 상대방의 질문에 답합니다. 한 사람당 약 2분 30초씩, 총 약 5분 동안 진행됩니다.
5. 부분 2에서는 각자 시험 준비 시간에 읽은 글에 관해 자신의 견해와 경험을 밝힌 뒤 토론합니다. 약 5분 동안 진행됩니다.
6. 부분 3에서 응시자는 제시된 문제를 함께 해결해야 합니다. 약 5분 동안 진행됩니다.
7. 부분 3까지 종료되면 시험관은 시험 종료를 알립니다.

> 시간에 맞춰서 Antwortbogen에 답을 기입하며 풀어 보세요!
> 최신 Antwortbogen 양식은 telc 홈페이지 Übungsmaterial 항목의 Übungstest 문서를 활용하시기 바랍니다.

✅ 영역별 상세 안내

Leseverstehen 독해

독해 시험은 언어 구성 요소 시험과 함께 쉬는 시간 없이 총 90분 동안 진행됩니다. 신문이나 잡지 기사, 정보 글, 편지 등 다양한 글이 제시됩니다. 독해와 언어 구성 요소 시험 시간이 끝나면 이 부분에 해당하는 Antwortbogen을 수거하니, Antwortbogen에 바로 답을 기입하세요.

> 각 지문은 B2 수준을 상회하는 어휘나 문장을 포함할 수 있습니다.
>
> 모르는 어휘나 표현에 얽매이지 말고 문맥으로 이해하고 문제를 푸는 연습을 해 보세요!

Teil 1

제목 열 개와 짧은 글 다섯 편을 읽고, 각 글에 알맞은 제목을 고르는 문제입니다. 단순히 본문에 언급된 단어를 포함했는지 보다 본문의 중심 내용을 표현한 제목인지가 중요합니다. 배점은 문항당 5점입니다.

Teil 2

한 쪽 정도 되는 글을 읽고 보기 a, b, c 가운데 맞는 내용을 고르는 문제를 다섯 개 풉니다. 글의 내용을 상세하고 정확하게 파악하는 것이 중요합니다. 사전 지식이 아니라 지문 내용을 기반으로 답을 골라야 합니다. 배점은 각 문항당 5점입니다.

Teil 3

제시된 상황을 읽고, 해당 상황에 필요한 정보 글을 고르는 문제입니다. 상황은 열 개, 정보 글은 열두 개가 제시됩니다. 형태와 내용이 다양한 정보 글에서 필요한 사항을 잘 선별해야 합니다. 상황에 알맞은 적절한 안내 글이 없는 경우에는 X를 선택합니다. 배점은 문항당 2.5점입니다.

Sprachbausteine 언어 구성 요소

문법과 어휘 시험으로 각 부분마다 지문이 하나씩 제시되고, 지문의 빈칸에 알맞은 단어를 찾아 넣어야 합니다. 독해와 언어 구성 요소 시험 시간이 끝나면 이 부분에 해당하는 Antwortbogen을 수거하니, 문제를 풀면서 Antwortbogen에도 바로 답을 기입하세요.

Teil 1

반격식 또는 비격식체인 편지가 지문으로 제시되며, 지문의 빈칸에 들어갈 알맞은 단어를 찾는 문법 문제입니다. 빈칸은 총 열 개이고, 각 빈칸에 해당하는 번호에는 보기가 a, b, c 세 가지 제시됩니다. 배점은 문항당 1.5점입니다.

빈칸에 들어갈 단어가 성, 수, 격이 무엇일지 잘 생각해 보세요!

Teil 2

신문, 잡지, 인터넷, 안내문 등에서 볼 수 있는 글이 지문으로 제시되며, 지문의 빈칸에 알맞은 단어를 찾아 넣는 어휘 문제입니다. 지문에는 빈칸이 총 열 개 있고, 보기 단어는 열다섯 개가 제시됩니다. 배점은 문항당 1.5점입니다.

보기의 각 단어는 한 번씩만 사용되며, 다섯 단어는 남습니다.

Hörverstehen 청해

쉬는 시간 없이 바로 청해 시험이 진행됩니다. 뉴스, 라디오 대담, 안내 방송 등을 듣고 푸는 문제입니다. 독일어권에서 사용하는 다양한 억양을 들을 수 있습니다. 모든 음성은 한 번씩만 들려 주니 답을 빠르게 찾아야합니다. 청해 시험이 끝나면 이 부분에 해당하는 Antwortbogen을 수거해 가니, 문제를 풀면서 Antwortbogen에도 답을 기입하세요.

> 본 교재의 듣기 시험 음성은 각 Hören 시험 첫 장에 있는 QR 코드에 연동된 주소에서 들을 수 있습니다.
>
> 실제 시험과 같이 중단 없이 한번에 끝까지 들으면서 문제를 풀어 보세요!

Teil 1

라디오 보도 여섯 개를 듣고 참인지 거짓인지 고르는 문제입니다. 총 다섯 문제이며, 음성을 듣기 전에 문제를 읽을 시간이 30초 제공 됩니다. 보도는 시사, 사건/사고, 국제, 날씨, 정치, 스포츠, 문화, 경제 등 다양한 소재를 포함합니다. 듣기 지문과 문제에 나오는 단어와 표현은 동의어나 다른 문장 구조로 표현될 수 있으니, 듣기 지문을 전체적으로 이해하는 것이 중요합니다. 각 음성은 한 번씩 들려줍니다. 배점은 문항당 5점입니다.

> 문제보다 듣기 지문이 하나 더 많으므로 지문 가운데 하나는 해당하는 문제가 없습니다!

Teil 2

라디오 방송 대담을 들으면서 참인지 거짓인지 고르는 문제입니다. 총 열 문제이며 음성은 한 번 들려줍니다. 음성을 듣기 전에 문제를 먼저 읽을 수 있는 시간이 1분 제공됩니다. 우선 각 문제를 읽으면서 핵심어를 파악하고, 듣기 지문의 해당 부분을 상세하고 정확히 이해하는 것이 중요합니다. 배점은 문항당 2.5점입니다.

> 각 지문은 B2 수준을 상회하는 어휘나 문장을 포함할 수 있습니다.
>
> 모르는 어휘나 표현에 얽매이지 말고 문맥으로 이해하고 문제를 푸는 연습을 해 보세요!

Teil 3

안내 방송 다섯 개를 듣고 참인지 거짓인지 고르는 문제입니다. 라디오, 기차역, 공항, 상점, 자동 응답기 등에서 들을 수 있는 다양한 안내 방송이 지문으로 제시되며, 각 지문은 한 번 들려줍니다. 이름이나 숫자가 나오는 부분을 유심히 들어 보세요. 배점은 문항당 5점입니다.

Schriftlicher Ausdruck 글로 표현하기

쉬는 시간 없이 바로 글로 표현하기 시험이 30분 동안 진행됩니다. 응시자는 두 가지 문제 가운데 하나를 골라 답안을 작성합니다. 각 문제에는 참고할 정보와 요구 사항 네 개가 제시되며, 제시된 요구 사항 가운데 세 개를 고르거나, 두 개를 고르고 자신만의 항목을 하나 추가해서 작성할 수 있습니다.

반격식 또는 격식체 이메일을 150자 이상 분량으로 작성합니다. 시험 시간 30분은 그렇게 넉넉하지 않으니, 완전한 글을 쓰고 나서 Antwortbogen에 다시 옮겨 적으려 하지 마세요. 주요 항목만 간단하게 메모한 뒤 바로 작성하기를 추천 드립니다. 그리고 마지막에 전체적으로 읽으면서 실수를 수정하세요.

1. 제공된 정보에 따라 요구 사항 세 가지를 반영하였는지,
2. 첫인사, 도입, 마무리 인사 등이 반격식 또는 격식체 이메일 양식에 맞는지,
3. 정서법이나 어미 변화가 맞는지 등을 확인하세요.

배점은 45점입니다.

> 각 응시자는 서로 다른 문제를 수령합니다.
> 따라서 시험이 시작되면 우선 자신이 받은 Aufgabenheft의 Schriftlicher Ausdruck 상단에 있는 일련 번호를 해당 Antwortbogen 상단 Testversion란에 적으세요. 일련 번호를 적지 않거나 잘못 적은 답안지는 점수에 반영되지 않습니다.

Mündlicher Ausdruck 말로 표현하기

말하기 시험은 시험관 두 명이 참석한 가운데 다른 응시자가 대화 상대로 함께 응시합니다. 시험이 진행되기 앞서 시험 준비 시간이 20분 제공됩니다. 시험은 세 부분으로 나뉘며, 약 15분 동안 진행됩니다. 응시자 수가 홀수일 때는 마지막 한 조는 세 명이 함께 응시하고 시험 시간은 약 25분입니다. 응시자가 한 명 뿐일 때는 시험관 가운데 한 명이 대화 상대를 맡습니다. 총 소요 시간은 준비 시간 포함 35~45분입니다.

Vorbereitung 준비

시험 전에 문제지를 받아서 준비하는 시간입니다. 이때 응시자는 문제지를 읽고 필요한 내용을 메모할 수 있습니다. 고사장에서 나누어 준 종이에만 메모할 수 있으며, 문제지에는 아무것도 적어서는 안 됩니다. 응시자는 시험 준비 시간 동안 사전, 전화기, 기타 전자기기 등과 같은 도구를 사용할 수 없고, 대화 상대와 이야기를 나눠서도 안 됩니다. 준비 시간은 20분 제공됩니다.

> 메모에는 완전한 문장을 적지 마세요!
> 시험을 볼 때 적힌 문장을 그대로 읽으면 안 됩니다.
> 주요 단어만 간단하게 적고 최대한 자연스럽게 말해야 합니다.

> 준비 시간 20분 동안 Teil 1, 2, 3을 모두 준비해야 합니다. 시간 배분에 유의하세요!

Teil 0

Einander kennenlernen 서로 알아가기

시험을 본격적으로 시작하기에 앞서 두 응시자가 서로 인사를 나누는 시간입니다. 가벼운 주제로 서로 1~2분 정도 짧게 소개합니다. 이 부분은 채점하지 않습니다.

Teil 1

Über Erfahrungen sprechen 경험 말하기

한 응시자가 사전에 제시된 주제와 관련한 자신의 경험을 발표하고, 상대방이 하는 질문에 대답합니다. 서로 역할을 바꿔 반복합니다. 총 약 5분 동안 진행됩니다. 배점은 25점입니다.

> 발표 주제는 사전에 미리 확인할 수 있기에 원칙상 응시 전에 집에서 준비할 수 있습니다.
>
> 하지만 문장을 외워서 말하거나, 종이에 적힌 문장을 그대로 읽어서는 안 됩니다.
> 준비 시간에 메모지에 간단히 주요 낱말만 적고
> 시험을 볼 때는 참고만 하여 자연스럽게 말해 보세요!

Teil 2

Diskussion 토론

시험 준비 시간에 미리 읽은 글을 바탕으로 대화 상대와 토론해야 합니다. 우선 약 1분 동안 자신이 읽은 글의 주장이나 글에서 흥미롭다고 느낀 점 등 내용을 간단히 설명합니다. 자신의 의견에 근거를 제시하면서 상대방과 토론합니다. 약 5분 동안 진행됩니다.

Teil 3

Gemeinsam etwas planen 함께 계획하기

두 응시자는 문제지 내용에 맞춰 함께 계획을 짜야 합니다. 행사, 축제, 공연, 학회, 전시, 운동 경기 등 다양한 상황이 제시될 수 있습니다. 응시자는 자신의 생각이나 의견을 제시하고, 상대방의 생각이나 제안에 반응해야 합니다. 약 5분 동안 진행됩니다.

Modelltest 1

듣기 시험 음성 QR코드는 첫 번째 듣기 문제 시작 부분에 있습니다.

Leseverstehen Teil 1

Lesen Sie zuerst die zehn Überschriften. Lesen Sie dann die fünf Texte und entscheiden Sie, welche Überschrift (a–j) am besten zu welchem Text (1–5) passt.

Tragen Sie Ihre Lösungen in den Antwortbogen bei den Aufgaben 1–5 ein.

a   Die Jugend weigert sich hohe Spritpreise zu bezahlen

b   **Aussichtslose Ermittlungen gegen die Ölindustrie**

c   *Hohe Spritpreise: Menschen werden kreativ*

d   Rekordpreis für Street-Art-Kunstwerk

e   Gesellschaftskritischer Künstler verkauft seine Werke nur ungern

f   **Studentin entdeckt berühmtes Gemälde hinter Tapete**

g   *Trotz sinkender Ölpreise bleibt der Spritpreis auf einem Rekordhoch*

h   Verschollenes Gemälde nach 70 Jahren zurück in Dresden

i   Dresden streitet mit Neapel um ein Gemälde

j   *Mysteriöses Gemälde hinter der Tapete - „Ich will mich nur bedanken"*

1   Jahrzehntelang war es verschwunden, dann wurde ein Gemälde von David Teniers dem Jüngeren zum Gerichtsfall: Jetzt haben die Staatlichen Kunstsammlungen in Dresden das Bild wieder. Nach mehr als 70 Jahren ist ein im Zweiten Weltkrieg verlorenes Kunstwerk an die Staatlichen Kunstsammlungen Dresden (SKD) zurückgegeben worden. Die Staatsanwaltschaft Dresden hatte erfahren, dass das Gemälde „Ein Alter umarmt die Magd im Stall" von David Teniers dem Jüngeren (1610-1690) in Neapel sichergestellt worden war. Sie stellte demnach ein Rechtshilfeersuchen an die Staatsanwaltschaft Neapel und erhielt das Bild mit Unterstützung des sächsischen Justizministeriums und der SKD zurück.

Das Bild war laut Mitteilung im Krieg verloren gegangen und in die Hände eines Kunsthändlers gelangt. Er bot das Gemälde im Jahr 2014 den SKD an und behauptete dabei, dass er nur der Mittler eines Verkäufers sei. Die Staatlichen Kunstsammlungen erstatteten daraufhin Anzeige wegen des Verdachts der Hehlerei. Der beschuldigte Kunsthändler habe das Bild übernommen und dabei in Kauf genommen, dass es sich dabei um einen Kriegsverlust handle, so die Begründung. Weil die angezeigte Straftat in Deutschland schon verjährt war, stellten die deutschen Behörden die Ermittlungen aber ein und gaben an die Strafverfolger in Neapel ab. Auch dort war laut SKD bereits seit längerer Zeit gegen den Mann ermittelt worden.

Quelle: SPIEGEL.de, mit dpa und AFP, 10.03.2022, zu Lehrzwecken bearbeitet[1]

2 Die Justiz ermittelt nun gegen die Ölindustrie wegen einer vermeintlichen Preisabsprache zwischen einem Aufbereitungskonzern und einigen Tankstellenketten. Der Grund für die Ermittlungen sind weiterhin hohe Spritpreise, obwohl der Ölpreis wieder gesunken ist.

Nach einem Ölpreisanstieg wurde der Sprit in Europa um 25 % teurer. Doch nach nur 2 Wochen begannen die Ölpreise wieder zu sinken. Viele Autofahrer erhofften sich deshalb, wieder zu niedrigeren Preisen tanken zu können. Doch diese Hoffnung blieb unerfüllt. Der Preis für Benzin und Diesel ist nach wie vor so hoch wie noch nie.

Die Justiz wurde auf diese Ungereimtheit aufmerksam. Vor 2 Tagen wurde der vermutliche Verstoß gegen das Fairplay-Gesetz zur Anzeige gebracht und nun beginnen die Ermittlungen. Die Staatsanwaltschaft ließ aber in einem Statement bekannt geben, dass es wenig Hoffnung auf den Fund einer derartigen Verletzung gebe, da als Beweis nur schriftlich festgehaltene Abmachungen gölten, welche aber selbst bei einer möglichen Absprache nicht vorhanden sein würden. Schon 2008 gab es ähnliche Ermittlungen in der Branche. Auch diese endeten damals ergebnislos. Verschiedene Gruppen kritisieren diesen Schritt der Regierung. Der Sprecher der Jugend Links meinte, eine derartige Ermittlung sei eine Verschwendung der Steuergelder. Lieber seinen ihm und vielen jungen Wählern ein gesetzlich festgelegter Höchstpreis für Sprit.

3 Aufgrund der aktuellen Treibstoffpreise können sich viele das Benzin für ihr Auto nicht mehr leisten und müssen deshalb kreativ werden. So wie ein Kellner aus Italien: Angesichts der kontinuierlich steigenden Benzinpreise hat sich der Kellner entschlossen, mit seinem Esel zur Arbeit zu reiten.

Am Dienstag sei der junge Mann zum ersten Mal mit Lina, einer fünf Jahre alten Eselstute, bis zur etwa 15 Kilometer weit entfernten Imbissbude gependelt, wie der Fernsehsender Italia 2 berichtet. Der Ritt sei nicht ohne gewesen, denn der Esel sei etwas stur, so der 21-Jährige.

Sein Chef habe sich die Augen gerieben, sagte der junge, italienische Kellner im Interview – und unterwegs hätten ihm einige Autofahrer zugejubelt, manche seien sogar stehen geblieben, um ein Foto von ihm zu machen. Zumindest einmal in der Woche wolle er nun auf seiner geliebten Eselstute zur Arbeit kommen.

Mit dem Auto dauere es normalerweise etwa zehn Minuten, der Ritt hingegen sei etwa eine Stunde lang oder auch länger, wenn Lina sich mal wieder für einen anderen Weg entschieden habe. Dafür mache der Weg auf dem Rücken der Eselstute aber mehr Spaß und für die Umwelt und seine Geldbörse sei es auch gut. Die Spritkosten könne er sich mit seinem Verdienst von 1300 Euro netto derzeit nicht leisten.

Sein Esel lasse sich von nichts aufschrecken, sagte der Kellner, und einen Teil der Strecke könne er durch die Natur reiten. Neben der Imbissbude gebe es eine Wiese, bei der er den Esel anbinden und im Blick behalten könne. Nach der langen Reise gebe es für die fleißige Eselstute auch noch ein Stück Zucker und eine Karotte. Beides viel billiger als der Sprit, den er sonst brauchen würde.

4 In Münster hat eine Studentin ein Ölgemälde hinter der Tapete in ihrem Zimmer entdeckt. Die Tapete war schon sehr alt gewesen und sie wollte sie nur austauschen, meinte die junge Studentin im Interview. Als sie und ihre Freunde begannen, die Tapete von der Wand zu reißen, machte sie ihr Kumpel auf die grüne Farbe aufmerksam. Sie riefen eine Freundin, die Kunst studiert, an und fragten, wie sie die Tapete entfernen können, ohne dem Kunstwerk zu schaden. Mit der Hilfe eines Kunstprofessors gelang es den Studenten, das Werk fast komplett zu bewahren. Hinter der Tapete befand sich ein Bild von einem wunderschönen Wald. Unklar ist jedoch, wer der Künstler ist.

Kunsthistoriker sehen eine gewisse Ähnlichkeit zu verschiedensten Künstlern, aber noch ist die Herkunft ungeklärt. Auch Leserinnen und Leser meldeten sich mit Hinweisen zur Urheberschaft. Für die Studentin, deren Zimmer das Gemälde schmückt, ist der Urheber weniger wichtig. Sie möchte nur das Kunstwerk wieder restaurieren und den Anblick eines Waldes mitten im Zimmer genießen. Zudem meinte sie, wenn der Künstler noch lebe, würde sie ihn gerne mal zum Essen einladen und sich für das schöne Werk bedanken.

5 Banskys Gemälde "Mädchen mit Luftballon" wurde 2018 auf einer Kunstauktion für 1,2 Millionen Euro versteigert. Sobald die Hammer fiel und den Verkauf besiegelte, wurde das Gemälde mit einem automatischen Schredder bis zur Hälfte in Streifen geschnitten. Diese Aktion hat dem Wert des Gemäldes jedoch nicht im Geringsten geschadet.

4 Jahre später wurde das Gemälde erneut in London versteigert. Dieses Mal erzielte das Gemälde umgerechnet 21,8 Millionen Euro. Dies ist ein neuer Rekord für ein Bansky-Werk. Bansky wurde durch seine Street-Art-Werke bekannt. Der Künstler selbst meinte, diese Form von Kunst sei ihm immer noch am liebsten, denn diese Kunst könne nicht gekauft werden. Der Street-Art-Künstler hat schon mit vielen Werken auf gesellschaftliche Probleme hingewiesen. So kritisiert er gerne den Kapitalismus, die Medien und die Regierung. Nur wenige Tage nach der Versteigerung tauchte ein neues Werk von Bansky in England auf. "Wir sitzen alle im selben Boot" ist der Titel des Kunstwerks und auch mit diesem Werk weist Bansky auf drängende, gesellschaftliche Probleme hin. Weitere Werke von Bansky sind ein mit einem Kunstwerk verziertes Rettungsboot für Flüchtende und zu Weihnachten letzten Jahres hat er die Wand neben einer Parkbank mit zwei Rentieren verschönert, um auf die Situation der Obdachlosen aufmerksam zu machen. Der immer noch anonyme Künstler ist nicht nur aufgrund seiner Fähigkeiten, sondern auch aufgrund seiner Denkweise beliebt.

Leseverstehen Teil 2

Lesen Sie zuerst den Artikel und lösen Sie dann die Aufgaben 6–10 zu den Texten.

ADFC-Radreiseanalyse: Dies sind die beliebtesten Radfernwege Deutschlands

Vier Millionen Menschen sind in ihrem Urlaub durch Deutschland geradelt – immer noch weniger als vor Corona. An ihrer Vorliebe für bestimmte Routen hat sich aber wenig geändert, wie die Radreiseanalyse des ADFC zeigt.

Wer die Einsamkeit und immer freie Fahrt sucht, sollte diese Strecke besser nicht wählen: den Weser-Radweg. Die rund 520 Kilometer lange Route vom Weserbergland zur Nordsee war 2021 der am häufigsten befahrene Radfernweg Deutschlands. Damit hat er den Elberadweg vom Spitzenplatz des Rankings des Allgemeinen Deutschen Fahrrad-Clubs (ADFC) verdrängt.

Unverändert auf dem dritten Rang liegt der Main-Radweg, der entlang des Flusses durch Bayern und Hessen führt. Auf Platz vier und fünf landeten der deutsche Abschnitt des Ostseeküstenradwegs und der Ruhrtal-Radweg.

Insgesamt sind unter den Top Ten neun Strecken, die entlang von Flüssen führen. So waren die meisten Radurlauber und -urlauberinnen im Emsland / Osnabrücker Land unterwegs, gefolgt von der Mecklenburgischen Ostseeküste, dem Bodensee und dem Münsterland. Als Bundesland schubste Niedersachsen Bayern vom ersten Platz, Nordrhein-Westfalen war das drittbeliebteste Radreiseziel.

Wer ein Rad mit elektrischer Unterstützung fährt, traut sich der Befragung zufolge häufig an längere (72 Prozent) und anspruchsvollere Strecken mit mehr Steigungen (53 Prozent) heran. Schon rund vier von zehn radelnden Menschen (42 Prozent) nutzten im vergangenen Jahr für eine Radreise ein E-Bike. Das sind nach Angaben des Fahrrad-Clubs zehn Prozentpunkte mehr als noch 2020.

Beliebt ist der Urlaub auf dem Fahrrad immer noch – rund vier Millionen Menschen haben laut der ADFC-Radreiseanalyse so einen Urlaub mit mindestens drei Übernachtungen unternommen.

Für seine Analyse befragte der ADFC knapp 10.300 Bundesbürgerinnen und Bundesbürger. Von den Radreisenden unter ihnen verbrachten etwa drei Viertel ihren Urlaub in Deutschland, der Rest nahm sich vor allem Strecken in Österreich und Italien vor, zudem auch in Frankreich, den Niederlanden und der Schweiz. Wer das Rad als Urlaubsvehikel wählt, organisiert zu fast 90 Prozent seine Reise selbst, nur wenige nehmen die Hilfe eines Reiseveranstalters in Anspruch.

Und warum wollen diese Menschen im Urlaub per Rad unterwegs sein? Mehr von Land und Leuten sehen, aktiv sein und die umweltfreundliche Art zu reisen – wurden als Motivation angegeben. Immerhin 68 Prozent der Radurlauber planen, dies auch in diesem Jahr wieder zu genießen.

Auch wenn das Vor-Corona-Niveau bei den Radurlauben noch nicht wieder erreicht ist: Die Umsätze der Fahrradbranche steigen weiter. Die Verkaufszahlen lagen im zweiten Jahr der Pandemie allerdings nicht mehr so hoch wie im ersten, als Rekordabsätze vermeldet wurden, wie der Zweirad-Industrie-Verband (ZIV) in Berlin mitteilte. Aber im Schnitt wurde mehr Geld pro Rad ausgegeben: 1395 Euro im vergangenen Jahr – in 2020 waren es noch 1279, zehn Jahre zuvor sogar nur 495.

Die Menschen in Deutschland würden es beim Radfahren bequem mögen, sich öfter für ein E-Bike entscheiden und sich das auch etwas kosten lassen, gab der Verband an. Der Verband rechnet damit, dass bald jedes zweite verkaufte Rad ein E-Bike sein wird. Deutschlandweit ist die Zahl der Fahrräder innerhalb von zehn Jahren von rund 70 auf 81 Millionen im Jahr 2021 gestiegen – die Zahl der E-Bikes nahm im gleichen Zeitraum von 0,9 auf 8,5 Millionen zu.

Quelle: © dpa, zu Lehrzwecken bearbeitet

Lösen Sie die Aufgaben 6–10. Entscheiden Sie, welche Lösung (a, b oder c) richtig ist, und tragen Sie Ihre Lösung in den Antwortbogen bei den Aufgaben 6–10 ein.

6 Für Menschen, die gerne alleine radeln und die Stille genießen,

    a wird der Weser-Radweg empfohlen.

    b wird vor dem Weser-Radweg gewarnt.

    c ist eine Route an der Nordsee ideal.

7 Mit einem E-Bike trauen sich die meisten Radfahrer,

    a auch auf der Straße zu fahren.

    b steile Bergstraßen zu fahren.

    c längere und anspruchsvollere Strecken zu fahren.

8 Der Großteil der Fahrradurlauber fuhr Strecken

    a in Österreich, Italien und Deutschland.

    b in Deutschland, die selbst organisiert waren.

    c in Frankreich, den Niederlanden und der Schweiz.

9 Die Beweggründe für eine Reise mit dem Fahrrad

    a sind unter anderen, aktiv zu sein und auf umweltfreundliche Art zu reisen.

    b wurden vom ADFC nicht erhoben.

    c sind sehr verschieden und lassen sich nicht zusammenfassen.

10 Die Umsätze der Fahrradbranche steigen, weil

    a sie die Preise für Fahrräder angehoben haben.

    b E-Bikes einen größeren Profitrahmen haben.

    c mehr Menschen mehr Geld für ein Fahrrad ausgeben.

Leseverstehen Teil 3

Lesen Sie zuerst die zehn Situationen (11–20) und dann die zwölf Info-Texte (a–l).
Welcher Info-Text passt zu welcher Situation? Sie können jeden Info-Text nur einmal verwenden.
Markieren Sie Ihre Lösungen auf dem Antwortbogen bei den Aufgaben 11–20.
Manchmal gibt es keine Lösung. Markieren Sie dann x.

11 Ein Bekannter möchte einen Rundflug über München machen.

12 Ein Freund möchte seine Präsentationsfähigkeiten perfektionieren.

13 Ein Kollege möchte sich über die notwendigen Impfungen für eine Reise nach Südafrika informieren.

14 Eine Freundin möchte lernen, wie man Seifen herstellt.

15 Ein 16-jähriger Bekannter würde gerne Flüchtenden helfen.

16 Ihre Nachbarin möchte im Sommerurlaub eine neue Sportart lernen.

17 Ihr Freund würde gerne bei einem Redewettbewerb mitwirken.

18 Sie möchten lernen, wie man überzeugender spricht.

19 Sie möchten herausfinden, wo es in Deutschland Sprachwettbewerbe für Deutschlerner gibt.

20 Sie müssen kurzfristig auf Geschäftsreise nach Südafrika.

a

Seifen sind altmodisch und uncool? Nein? Wir sind auch anderer Meinung. Bei uns können Sie selbst Ihre neue Lieblingsseife kreieren. Unter der Anleitung unserer Seifenmeisterin können Sie das Seifenmachen nicht nur erlernen, sondern auch erleben. Lernen Sie eine der vielen Methoden in einem Sonderkurs oder belegen Sie gleich einen Semesterkurs und werden Sie selbst SeifenmeisterIn!

An jedem Kurstag erstellen Sie bis zu 8 Stück Seife und können diese mit nach Hause nehmen. Selbstgemachte Seifen sind das ideale Geschenk für Ihre Liebsten.

Kurs-Informationen: www.seife.at

b

Der Redner-Klub Erfurt sucht enthusiastische Freiwillige für die Redner-Tagung in der Erfurt-City vom 25. bis zum 31. August. In sieben Tagen finden 25 spannende Redewettbewerbe in 5 Disziplinen statt. Die Aufgaben der Freiwilligen sind: Auskunft zu geben, Redner zu betreuen und für einen fairen Ablauf der Wettbewerbe zu sorgen.

Für Verpflegung und eine Unterkunft in der Erfurt-City sorgt der Redner-Klub. Zudem gibt es die Möglichkeit, an einem der Wettbewerbe selbst teilzunehmen.

Bewerben Sie sich jetzt unter www.redner-klub-erfuhrt.de

c

Machen Sie Schluss mit nervösem Stottern und unverständlichen Sätzen. Kommen Sie zum PUNKT und verbessern Sie Ihr öffentliches Auftreten und Ihre Redekünste. „Übung macht den Meister" heißt unser Motto. In 8 Wochen bereiten Sie 16 Präsentationen für das Gruppen-Coaching vor und unsere Trainer coachen Sie davor und danach im Einzel-Coaching. Egal ob Sie StudentIn, AngestellteR, LehrerIn oder ChefIn sind, bei uns lernen Sie Ihren StandPUNKT mit Selbstvertrauen an die Zuhörer zu bringen!

Kurskosten: EUR 500,-
Kursmaterialien und Verpflegung exkl.
Anmeldung unter: www.PUNKTMeister.com/kurs

d

Rhetorik ist für Jedermann

Oft staunen wir über begabte Redner und fragen uns, wie in aller Welt sie so überzeugend und flüssig sprechen können. Natürliche Begabung ist aber nur am Anfang wichtig, mit der richtigen Technik und viel Übung können auch Sie am Rednerpult überzeugen.

In unserem 2-Tages-Seminar lernen Sie die richtige Technik. Zur Übung gibt es die Möglichkeit, eine Rede beim Abschlussessen zu halten.

Mehr Infos unter: www.rhetorik.de

e

Münchner aufgepasst! Die Red-Fly-Flugshow kommt nach München. Mit verschiedensten Maschinen zeigen Piloten ihre Künste am Himmel über München. Von alten Propellerfliegern zu den schnellsten Jets sind alle Maschinen vertreten. Wir empfehlen Sonnenbrillen und eine Stütze für die Kinnlade, damit die nicht herunterfällt.

*Die beste Sicht hat man vom Dach des Flughafens.
Tickets unter: www.red-fly.com*

f

Du bist nie sprachlos und findest auch in brenzligen Situationen die richtigen Worte? Du interessierst dich für gesellschaftliche Probleme und deren Lösungen? Du hast außergewöhnliche und frische Ideen? Dann mach mit beim Debattierwettbewerb von **„Jugend debattiert"**.

Melde Dich an und debattiere über Themen wie die Klimakrise oder den Gender-Pay-Gap. Für die/den beste/n Sprecher/in gibt es eine Chance auf ein Praktikum bei einer Einrichtung der Bundesregierung.

Weitere Infos: www.jugend-debatte.de oder via E-Mail unter info@jugend-debatte.de

g

Sporturlaub für Erwachsene

Sie sprechen immer davon, mehr Sport machen zu wollen? Nun haben Sie die Gelegenheit dazu! Nutzen Sie diesen Sommer, um eine Sportart, die Sie schon immer ausprobieren wollten, endlich zu machen. Im Resort Waldschlösschen werden bis zu 50 verschiedene Sportarten von Aikido über Rhönrad bis Yoga angeboten.

Wenn Sie sich gleich bei der Buchung für einen oder zwei Kurse entscheiden, bekommen Sie 50 % Rabatt auf die Kursgebühr. Für Unentschiedene gibt es die 25-Probestunden-Karte oder die Möglichkeit beim Check-In einen Kurs zu buchen.

Mehr Informationen unter www.sportschloss.de

h

Ihre Hilfe ist gefragt!

Haben Sie etwas Zeit, Geld, Kleidung oder Lebensmittel übrig? Für unsere Neuankömmlinge ist alles wertvoll. Im Aufnahmezentrum Dresden werden dringend helfende Hände und Geldspenden benötigt. Die Aufgaben der Helfer umfassen die Bereiche Essensausgabe und -zubereitung, Verteilung von Sachspenden, Kinder- und Lernbetreuung und administrative Arbeiten. Für speziell ausgebildete Fachkräfte gibt es noch weitere Aufgaben.

tägl. ohne Voranmeldung von 8:00 bis 20:00 Uhr
Aufnahmezentrum Dresden
Pirnaer Landstraße 191
01257 Dresden

Falls Sie selbst nicht helfen können, bitten wir Sie diesen Beitrag zu teilen.

i

Sie haben fleißig gelernt und möchten nun Ihr Können unter Beweis stellen? Wir von „Vorhang auf" geben Ihnen die Möglichkeit, Muttersprachler von Ihrem Können zu überzeugen. Jedes Jahr bieten wir Wettbewerbe auf Deutsch für Nichtmuttersprachler in vier Disziplinen an: ausdrucksstarkes Sprechen, schnelles Sprechen, chorisches Sprechen und Reimen. Sind Sie bereit für die Herausforderung?

Alle Informationen zu den Teilnahmebedingungen und Terminen finden sie auf unserer Website: www.vorhangauf.com/sprechsport

j

Gut zu wissen: Südafrika

Sie planen eine Reise nach Südafrika? Finden Sie alle Informationen zu Visumspflicht, Reisedokumenten und wichtigen lokalen Gesetzen.

Sie sind in Südafrika? Finden Sie deutsche Vertretungen in Südafrika sowie eine Liste deutschsprechender Notfalleinrichtungen.

Sie brauchen noch mehr Informationen? In unserem Forum tauschen sich Reisende und Auslandsdeutsche über die Situation in Südafrika aus, darunter finden Sie Informationen zur Büro-Knigge und zur südafrikanischen Umgangskultur.

www.gutzuwissen.de/südafrika

k

Sobald Sie wissen, wohin die Reise geht, sollten Sie auch schon mit den Vorbereitungen beginnen. Zu einem Reiseplan und der Packliste gehören auch eine Reiseversicherung und die richtigen Impfungen. Oft brauchen diese Impfungen mehrere Monate Vorbereitung, da sie in Teilimpfungen verabreicht werden. Alle Informationen darüber, welche Impfungen Sie wo brauchen, finden Sie auf unserer Homepage und in unserem Reisekatalog „Sicher um die Welt". Zudem finden Sie in dem Katalog eine Übersicht und einen Vergleich vieler Reiseversicherungen, sowie unsere aktuellsten Reiseempfehlungen.

Sicher um die Welt - Reiseinformationscenter
Alessandro-Volta-Straße 41
38440 Wolfsburg

l

„Sonne, Sommer, Schweiß" heißt es beim diesjährigen Sportfestival der Uni Münster. Studenten-Teams treten in 10 verschiedenen Disziplinen gegeneinander an. Die Teams werden mit dem neuen Zufallsgenerator der Informatik bestimmt. Möchtest Du Deinen Kollegen in einem heißen Match gegenüber stehen? Wirf deinen Namen in den Generator und hoffe auf das Beste. Die Disziplin wird übrigens auch zufällig bestimmt! Aber keine Sorge: Die Regeln werden vor dem Spiel erklärt. Viel Glück!

Anmeldung unter: www.zufallmünster.de

Sprachbausteine Teil 1

Lesen Sie den folgenden Text und entscheiden Sie, welches Wort (a, b oder c) in die jeweilige Lücke passt. Markieren Sie Ihre Lösungen auf dem Antwortbogen bei den Aufgaben 21–30.

Lieber Herr Schwarz,

ich muss Ihnen leider mitteilen, __21__ __22__ am Wochenende geplante Nachbarschaftsgrillen abgesagt wurde.

Ich weiß, dass Sie sich schon sehr auf das Grillfest gefreut haben, aber leider spielt das Wetter nicht mit. Für das Wochenende sind nicht nur Regen, sondern auch Gewitter angesagt. Unter diesen Umständen __23__ es schwierig, das Grillfest durchzuführen. Dieses Jahr haben wir wirklich kein Glück mit dem Wetter, deshalb wurde vom Nachbarschaftsrat beschlossen, das Fest nicht __24__ verschieben, sondern komplett abzusagen.

Wir bedanken uns für __25__ Unterstützung bei der Planung und Finanzierung des Fests. Leider haben wir nicht alle Kosten für das Fest zurückbekommen, __26__ können wir Ihnen auch nur einen Teil der Spenden wiedergeben. Wir können Ihnen 547,94 Euro der 700 Euro, __27__ Sie gespendet haben, zurückerstatten. Eine genaue Berechnung des Betrags sende ich Ihnen gerne auf __28__ zu.

Wenn Sie das Geld dennoch an unsere Gemeinde spenden möchten, können wir das Geld __29__ das Kinderheim in der Nachbarschaft spenden. Mir ist zu Ohren gekommen, dass dort ein neuer Kühlschrank gebraucht wird. Mit Ihrer Spende könnte dieser finanziert werden. Eine weitere Möglichkeit wäre, das Geld auf unserem Sparkonto zu lassen und für das Grillfest nächstes Jahr zu verwenden.

Lassen Sie mich __30__, was wir mit dem Geld machen sollen. Ich entschuldige mich nochmals für den bedauerlichen Ausfall des Festes.

Herzliche Grüße

Hannelore Berg

21 a das	**24** a später	**27** a die	**30** a kennen
b dass	b nur	b das	b hören
c weil	c zu	c welcher	c wissen
22 a das	**25** a Ihre	**28** a Frage	
b ein	b deine	b Anfrage	
c dass	c eure	c Antwort	
23 a mag	**26** a denn	**29** a an	
b ist	b weil	b zu	
c kann	c daher	c mit	

Sprachbausteine Teil 2

Lesen Sie den folgenden Text und entscheiden Sie, welches Wort aus dem Kasten (a–o) in die Lücken 31–40 passt. Sie können jedes Wort im Kasten nur einmal verwenden. Nicht alle Wörter passen in den Text. Markieren Sie Ihre Lösungen auf dem Antwortbogen bei den Aufgaben 31–40.

Tropische Feuchtgebiete stoßen erhebliche Massen an Methan aus

Methan ist eines __31__ schädlichsten Treibhausgase. Es gelangt durch Erdgasanlagen, Kohlegruben und die Rinderzucht in unsere Atmosphäre. Forscher haben nun eine weitere Methanquelle festgestellt.

Neben den auftauenden Permafrostböden in Sibirien zeigt eine neue Studie __32__, dass rund 60 Prozent der weltweiten Methanemissionen aus den tropischen Feuchtgebieten kommen. Seit den frühen 2010er-Jahren soll dieser Ausstoß __33__ den Großteil der jährlichen Veränderungen der Methankonzentration in der Atmosphäre verantwortlich sein.

Diese Studie wurde 2022 im Fachmagazin „Nature" veröffentlicht. Ausgewertet wurden Beobachtungsdaten __34__ Satelliten der letzten 10 Jahre. An dem Artikel beteiligten sich Wissenschaftlerinnen und Wissenschaftler aus verschiedenen Institutionen aus Großbritannien und China und die Europäische Weltraumorganisation.

Doch was ist Methan eigentlich? Methan hat die chemische Formel CH_4, __35__ das Molekül besteht aus vier Wasserstoffatomen (H) und aus einem Kohlenstoffatom (C). Es ist gasförmig und farb- und geruchlos. In der Natur entsteht es überwiegend __36__ den Abbau von Biomasse durch Mikroorganismen wie Bakterien. Die tropischen Feuchtgebiete gelten __37__ die größte natürliche Quelle für Methangas. Dies ist ein Problem, weil der Erwärmungseffekt von Methan um ein Vielfaches größer ist, als der von CO_2.

Zudem wurde in den Satellitendaten ein deutlicher Zusammenhang __38__ der Oberflächentemperatur der Meere um den Äquator und den Schwankungen der Methanemissionen der tropischen Feuchtgebiete festgestellt. Vermutlich hänge __39__ mit den Veränderungen der Niederschlagsmenge zusammen, heißt es von den Experten. Durch diese Erkenntnis könne man in Zukunft womöglich durch die Schwankungen der Meeresoberflächentemperatur vorhersagen, __40__ sich das globale atmosphärische Methan verändert. Vor dieser Entdeckung waren die Unterschiede der Methanemissionen ein großes Rätsel für die Wissenschaftler. Diese Erkenntnis kann auch zur Entwicklung neuer Technologien für den Umweltschutz beitragen.

a jetzt	**d** jenes	**g** als	**j** der	**m** wie
b durch	**e** nun	**h** von	**k** um	**n** sprich
c zwischen	**f** dies	**i** heißt	**l** für	**o** was

Hörverstehen Teil 1

 듣기 시험 음성 QR
재생시간은 듣기시험 전체 재생시간과 동일하며, 중단 없이 들으면서 동시에 문제를 풀어야 합니다.

Sie hören nun eine Nachrichtensendung. Dazu sollen Sie fünf Aufgaben lösen.
Sie hören die Nachrichtensendung nur einmal.

Entscheiden Sie beim Hören, ob die Aussagen 41–45 richtig oder falsch sind.
Markieren Sie Ihre Lösungen auf dem Antwortbogen bei den Aufgaben 41–45.
Markieren Sie PLUS (+) gleich richtig und MINUS (–) gleich falsch auf dem Antwortbogen.

Lesen Sie jetzt die Aufgaben 41–45. Sie haben dazu 30 Sekunden Zeit.

41 90 % der KassiererInnen hatten im vergangenen Jahr mit verbaler Gewalt zu kämpfen.

42 Die größte Gefahr für die Zukunft der Jugendlichen ist die Arbeitslosigkeit.

43 Der Slogan der Kampagne der Taxifahrerinnen lautet: „Es riecht!"

44 Die Stadt Dresden hat eine Aktion zur Verbesserung der Lebensqualität für Menschen mit Behinderung gestartet.

45 Die Wahlbeteiligung in der Schweiz hängt vor allem vom Alter der Wählenden ab.

Hörverstehen Teil 2

Sie hören ein Rundfunk-Interview. Dazu sollen Sie zehn Aufgaben lösen.
Sie hören dieses Interview nur einmal.

Entscheiden Sie beim Hören, ob die Aussagen 46–55 richtig oder falsch sind.
Markieren Sie Ihre Lösungen auf dem Antwortbogen bei den Aufgaben 46–55.
Markieren Sie PLUS (+) gleich richtig und MINUS (–) gleich falsch auf dem Antwortbogen.

Lesen Sie jetzt die Aufgaben 46–55. Sie haben dazu 60 Sekunden Zeit.

46 Eine der Aufgaben der Studienberatung ist, bei der Wohnungssuche zu helfen.

47 Die Studienberatung weiß, wie viele Plätze es in den Studentenwohnheimen gibt.

48 Die Studienberatung hilft unter anderem bei der Wahl des richtigen Studiums.

49 Das Leben in Österreich ist gleich wie in Deutschland.

50 Wien ist die teuerste Stadt in ganz Europa.

51 Deutsche Touristen fallen in Österreich oft besonders auf.

52 Selbst Frau Winkler kann nicht alle österreichischen Dialekte verstehen.

53 Die Studienberatung gibt keinerlei Auskunft über die Sprache in Österreich.

54 In Österreich gibt es keine Prüfung am Ende der Schulzeit.

55 Die Studenten freuen sich über die Materialien der Studienberatung.

Hörverstehen Teil 3

Sie hören jetzt fünf kurze Texte. Dazu sollen Sie fünf Aufgaben lösen.

Sie hören diese Ansagen nur einmal.

Entscheiden Sie beim Hören, ob die Aussagen 56–60 richtig oder falsch sind.

Markieren Sie Ihre Lösungen auf dem Antwortbogen bei den Aufgaben 56–60.

Markieren Sie PLUS (+) gleich richtig und MINUS (–) gleich falsch auf dem Antwortbogen.

56 Das W3-Telefonie-Deutschland-Callcenter ruft später automatisch zurück.

57 Zum klassischen Sommernachtskonzert muss man keine formelle Kleidung tragen.

58 Bei Problemen mit dem Einloggen sollte man eine E-Mail schreiben.

59 Der Störmthaler See ist kein richtiger See, sondern nur ein Ortsname.

60 Das Gäubodenvolksfest und die Ostbayernschau finden hintereinander statt.

Schriftlicher Ausdruck

Wählen Sie zuerst zwischen **Aufgabe A** und **Aufgabe B**.

Entscheiden Sie schnell, denn die zur Verfügung stehende Zeit ist begrenzt auf 30 Minuten!

Aufgabe A: Bitte um Informationen

oder:

Aufgabe B: Beschwerde

Die Aufgaben finden Sie auf den Seiten 33 und 34.

Übertragen Sie diese Nummer auf den
Antwortbogen S30, S. 5:

| 0 | 0 | 0 | 0 | 0 | 0 |

Testversion

Wenn Sie diese Nummer nicht übertragen, wird Ihre Prüfung nicht ausgewertet.

Schriftlicher Ausdruck, Aufgabe A

In der Zeitung lesen Sie folgende Anzeige:

Cyber Shield

Täglich werden weltweit etwa 31 Millionen Cyberattacken durchgeführt. Es ist nur eine Frage der Zeit, bis auch Sie ein Opfer dieser Angriffe werden. Schützen Sie sich jetzt mit unserem Cyber Shield. Wir beschützen all Ihre Geräte rund um die Uhr!

Unsere Basis-Leistungen:
- 24/7 Viren- und Cyber-Angriffsschutz
- Online-Support
- wöchentliche Updates

Vorteile von Cyber Shield
- umfangreiche Leistungen zu einem fairen Preis
- beliebig viele Geräte schützen
- wählbare Extraleistungen, wie Passwortmanager und Gerätewartung
- Bis zu 50 % Rabatt für Familien und Studenten

kundenservice@shieldprotect.com

Sie möchten das Cyber Shield kaufen und haben noch Fragen. Sie arbeiten viel online und haben auch einen kleinen Online-Store. Bitten Sie in einem Schreiben an die Shield Protect AG um mehr Informationen.

Behandeln Sie darin entweder
a) drei der folgenden Punkte
oder
b) zwei der folgenden Punkte und einen weiteren Aspekt Ihrer Wahl.

- Legen Sie dar, wie viel Sie im Internet arbeiten müssen.
- Beschreiben Sie, wie Sie Ihren Online-Store ausbauen möchten.
- Erläutern Sie, welche Leistungen Sie sich wünschen.
- Stellen Sie weitere Fragen zu den Leistungen.

Überlegen Sie sich vor dem Schreiben eine passende Reihenfolge der Punkte, einen passenden Betreff, eine passende Anrede, Einleitung und einen passenden Schluss.

Schreiben Sie mindestens 150 Wörter.

Übertragen Sie diese Nummer auf den Antwortbogen S30, S. 5:

| 0 | 0 | 0 | 0 | 0 | 0 |

Testversion

Wenn Sie diese Nummer nicht übertragen, wird Ihre Prüfung nicht ausgewertet.

Schriftlicher Ausdruck, Aufgabe B

In der Zeitung lesen Sie folgende Anzeige:

Crashkurs - Deutsch für Studienanfänger

In 2 Wochen lernen Sie alles, was Sie für den Studienbeginn in Deutschland brauchen. Von Immatrikulation bis zur Bankkontoeröffnung bringen wir Ihnen alles bei, was Sie für das Studentenleben in Deutschland brauchen. Kurse ab dem B1-Niveau. Alle Kurse sind Montag bis Freitag von 12:00 – 16:00 Uhr.

Ab dem Niveau B1
40 Unterrichtsstunden á 50 min
Lehrmaterialien excl.
für nur € 450,-

Melden Sie sich jetzt an, um noch rechtzeitig fertig zu werden.
Anmeldung unter: deutschersti.de/anmeldung

Sie haben an dem Crashkurs für Studienanfänger teilgenommen. Leider waren Sie überhaupt nicht zufrieden. Schreiben Sie eine Beschwerde an die Sprachschule.

Behandeln Sie darin entweder
a) drei der folgenden Punkte
oder
b) zwei der folgenden Punkte und einen weiteren Aspekt Ihrer Wahl.

- Erklären Sie, was Sie nun von der Sprachschule erwarten.
- Beschreiben Sie Ihre Erwartungen nach der Lektüre der Werbeanzeige.
- Legen Sie dar, was Sie im Kurs erlebt haben.
- Beschreiben Sie, was Sie tun, falls Sie keine Antwort bekommen.

Überlegen Sie sich vor dem Schreiben eine passende Reihenfolge der Punkte, einen passenden Betreff, eine passende Anrede, Einleitung und einen passenden Schluss.

Schreiben Sie mindestens 150 Wörter.

Mündlicher Ausdruck

Teilnehmer/in A/B/(C)

Einander kennenlernen

Stellen Sie sich Ihrer Partnerin / Ihrem Partner vor. Sie können z. B. darüber sprechen, warum Sie Deutsch lernen, welche Interessen oder Hobbys Sie haben oder wie Sie sich auf die Prüfung vorbereitet haben usw.

Dieser Teil der Prüfung wird nicht bewertet.

Teilnehmer/in A/B/(C)

Teil 1 Über Erfahrungen sprechen

Sie sollen Ihrer Partnerin bzw. Ihrem Partner über Ihre Erfahrungen zu einem der folgenden Themen berichten. Die Stichpunkte in den Klammern können als Anregung dienen. Sie haben dazu ca. 1 ½ Minuten Zeit. Im Anschluss sollen Sie die Fragen Ihrer Partnerin bzw. Ihres Partners beantworten.

Danach spricht Ihre Partnerin bzw. Ihr Partner ebenfalls über ihr bzw. sein Thema. Folgen Sie aufmerksam dem Redebeitrag und überlegen Sie sich Fragen, die Sie ihr/ihm stellen könnten. Unterbrechen Sie sie/ihn nicht. Stellen Sie einige Fragen zum Thema, wenn sie/er ihren/seinen Redebeitrag beendet hat.

Themen zur Auswahl:

- Ein Buch, das Sie gelesen haben (Thema, Autor, Ihre Meinung usw.)

- Einen Film, den Sie gesehen haben (Thema und Handlung, Schauspieler, Ihre Meinung usw.)

- Eine Reise, die Sie unternommen haben (Ziel, Zeit, Land und Leute, Sehenswürdigkeiten usw.)

- Eine Musikveranstaltung, die Sie besucht haben (Musikrichtung, Musiker, Ort, persönliche Vorlieben usw.)

- Ein Sportereignis, das Sie besucht haben (Sportart, Ort, Personen, Ergebnis usw.)

- Eine Person, die in Ihrem Leben wichtig war (wer, wann, warum wichtig usw.)

- Eine wichtige Erfahrung, die Sie in Ihrem Leben gemacht haben (was, wann, wo, mit wem, warum wichtig usw.)

Teilnehmer/in A/B/(C)
Teil 2 Diskussion

Lesen Sie folgenden Text. Diskutieren Sie mit Ihrer Partnerin bzw. Ihrem Partner über den Inhalt des Textes, bringen Sie Ihre Erfahrungen ein und äußern Sie Ihre Meinung. Begründen Sie Ihre Argumente. Sprechen Sie über mögliche Lösungen.

Mehr Frauen in Führungspositionen
Kann eine höhere Frauenquote in Führungspositionen den Gender-Pay-Gap schließen?

In Deutschland gibt es deutlich weniger Frauen als Männer in Führungspositionen, zudem verdienen Frauen im Durchschnitt rund 18 Prozent weniger. Dieser Unterschied kommt vor allem von der Art der Arbeit, die Frauen verrichten. Aber selbst bei vergleichbaren Qualifikationen und Tätigkeiten bekommen Frauen rund sechs Prozent weniger bezahlt als ihre männlichen Kollegen. Diesem Unterschied sollte durch mehr Frauen in Führungspositionen ein Ende bereitet werden. Doch kann eine höhere Frauenquote in Führungspositionen, wie sie vom Bund vorgeschlagen wird, den Gender-Pay-Gap auch wirklich schließen?

Der größte Faktor im Gender-Pay-Gap ist die Art der Arbeit, die Frauen verrichten. Viele Frauen arbeiten aufgrund der Familie nur Teilzeit oder haben gar nur einen Minijob. Für diese Frauen machen mehr Frauen in Führungspositionen kaum einen Unterschied, für sie sind Unterstützungen bei der Kindererziehung und Altenpflege sowie flexible Arbeitszeiten wichtig, damit sie überhaupt richtig in das Berufsleben einsteigen können.

Dennoch könnten sich Frauen besser in die Situation dieser Frauen hineinversetzen und ihnen daher mehr Freiheit bieten. Allerdings liegt derzeit die Entscheidung für Neueinstellungen oft bei Männern und Männer bevorzugen oft andere Männer, weil sie sich besser mit ihnen identifizieren können. Macht man ein Team aus Männern und Frauen für die Neueinstellungen und das Personal verantwortlich, verschwindet diese Tendenz. Daher ist auch in der Personalabteilung ein Ausgleich notwendig.

Allerdings kann eine Frauenquote auch dazu führen, dass der Wert von Frauen in Führungspositionen reduziert wird. Da eine Frauenquote keine Emanzipation, sondern eine Bevormundung ist, hilft sie nicht dabei, die Frauen den Männern gleichzustellen. Kommentare, wie „du hast deine Position ja nur aufgrund einer Quote bekommen", werden häufig zu hören sein.

Im Gegensatz dazu wird argumentiert, dass die Frauenquote nur Frauen mit gleichen Qualifikationen bevorzugt, bis die Quote erfüllt ist. Somit wird nur ein Fehler korrigiert, der schon längst korrigiert hätte werden sollen. Zudem sollte auch ein Auge auf andere Diskriminierungen, wie Rassismus, Religion und sozioökonomische Faktoren geworfen werden.

Teilnehmer/in A/B/(C)

Teil 3 Gemeinsam etwas planen

Eine Gruppe von Jugendlichen im Alter von 14 bis 17 Jahren möchte eine kurze Reise nach Berlin, Hamburg oder München machen. Die Gruppe hat nicht viel Geld zur Verfügung. Sie sollen der Gruppe bei der Planung und beim Erstellen eines Programms helfen.

Überlegen Sie, wie Sie der Gruppe helfen können, und machen Sie Ihrer Partnerin / Ihrem Partner Vorschläge. Entwickeln Sie dann gemeinsam einen Plan und ein Programm für die Reisegruppe.

Modelltest 2

듣기 시험 음성 QR코드는 첫 번째 듣기 문제 시작 부분에 있습니다.

Leseverstehen Teil 1

Lesen Sie zuerst die zehn Überschriften. Lesen Sie dann die fünf Texte und entscheiden Sie, welche Überschrift (a–j) am besten zu welchem Text (1–5) passt.

Tragen Sie Ihre Lösungen in den Antwortbogen bei den Aufgaben 1–5 ein.

a **Mobbing am Arbeitsplatz - Was kann man tun?**

b *Ausschlaggebende Anzeichen für ein toxisches Arbeitsklima*

c Immer mehr Menschen stecken in toxischen Beziehungen fest

d **„Ich kannte keine Grenzen mehr"**

e Amazon lässt Spanien nicht am Wettbewerb teilnehmen

f *Private Probleme: Supermodel Bella Hadid beendet ihre Karriere*

g *So erkennt man eine toxische Beziehung*

h **Spanien verhängt hohe Strafe gegen Amazon**

i Mobbing am Arbeitsplatz - So gewinnst Du den Kampf

j Toxisches Arbeitsklima führt zu Mobbing

---

1 Ein toxisches Arbeitsklima führt zu Dauerstress, Unruhe, Konkurrenz, Negativität, Mobbing und einer hohen Mitarbeiter-Fluktuationsrate. All dies beeinflusst die Gewinne und die Wettbewerbsfähigkeit der Firma. Deshalb ist es wichtig für Teamleiter und Teamleiterinnen, die ersten Anzeichen eines toxischen Arbeitsklimas zu erkennen und etwas dagegen zu tun.

Das erste Anzeichen ist der Gesichtsausdruck, mit dem die Mitarbeiter in die Arbeit kommen. Natürlich kann jemand einen schlechten Tag haben oder durch eine weite Anreise ermüdet sein. Wird der Gesichtsausdruck aber nie besser und über den Tag hinweg nur düsterer, ist dies ein Zeichen dafür, dass etwas nicht in Ordnung ist.

Wird in einem Büro nur das Nötigste kommuniziert, könnte das auch ein Zeichen für ein toxisches Arbeitsklima sein. Kommunikation ist in jeder Gruppe und jedem Team notwendig. Sprechen allerdings immer nur dieselben Personen, ist es möglich, dass unter den Kollegen ein Konflikt herrscht. Wenn Pausen alleine verbracht werden und im Büro Hektik und Stress herrscht, sind das keine guten Anzeichen. Auch Konkurrenzdenken fördert ein toxisches Arbeitsklima.

Wenn solche Anzeichen ins Auge fallen, sollten Teamleiter/innen zuerst diese Anzeichen eine Woche lang genauer beobachten und notieren, so die Experten des Leibniz-Instituts für Arbeitsforschung. Mögliche Lösungen für den Konflikt sollten nicht von oben herab, sondern im Gespräch mit den betroffenen Personen entschieden werden. Wenn ein Konflikt zwischen den Mitarbeitern besteht, hilft oft ein Mediator.

2 Supermodel Bella Hadid hatte in der Vergangenheit nach eigener Aussage mit toxischen Beziehungen zu kämpfen. Deswegen habe sie sich zu einem Menschen entwickelt, der es immer allen habe recht machen wollen. Das sagte die 25-Jährige im Podcast „VS Voices" des Dessous-Herstellers Victoria's Secret.

„Ich bin immer wieder zu Männern und auch Frauen zurückgekehrt, die mich missbraucht haben. Das war der Punkt, an dem ich anfing, den Leuten alles recht zu machen. Ich kannte keine Grenzen mehr, nicht nur sexuell, körperlich und emotional, sondern auch in meinem Arbeitsbereich", sagte Hadid. Doch dadurch habe sie ihr Selbstwertgefühl in die Hände anderer Menschen gelegt.

Ein Problem rührt Hadid zufolge auch aus ihrer Kindheit. Sie sei unter Männern aufgewachsen, dauernd sei ihr gesagt worden, dass ihre Stimme weniger wert sei. Inzwischen gehe es ihr besser, sagt sie: „Jetzt bin ich in der Lage, mich zu öffnen und meine Meinung zu sagen, vor allem in meinen Beziehungen und innerhalb meiner Familie." Dafür sei eine Mischung aus Therapie, Meditation und Verzicht auf soziale Medien nötig gewesen.

Bella Hadid wurde 1996 in Washington, D.C., geboren. Sie ist die Tochter des Models Yolanda Hadid und des Immobilienhändlers Mohamed Hadid. Als Jugendliche fing sie an zu modeln. Seitdem arbeitete sie unter anderem für Marken wie Victoria's Secret, Dior und Calvin Klein.

Quelle: SPIEGEL.de, 01.02.2022, zu Lehrzwecken bearbeitet[2]

3 Seit einigen Jahren hört man immer wieder von toxischen Menschen und Beziehungen. Doch wie zeichnet sich eine solche Beziehung aus? Anhand dieser fünf Punkte kann man eine toxische Beziehung einfach erkennen.

Eines der wichtigsten Anzeichen einer toxischen Beziehung ist emotionaler Missbrauch. Partner/innen, die immer alles schlecht reden oder einen sogar beschimpfen, können nicht gut sein. Wieso man oft dennoch genau an diesen Menschen hängt, liegt an dem zweiten Zeichen einer toxischen Beziehung, der Manipulation. Mit emotionalem Missbrauch und Manipulation untergräbt man das Selbstbewusstsein der anderen Person. Dadurch wird nicht nur der Psyche geschadet, sondern auch die Abhängigkeit zu der einen Person, die uns „trotz all unserer Fehler liebt", wird immer größer.

Vor allem jüngere Menschen deuten das dritte Zeichen, zwanghaft kontrollierendes Verhalten, oft falsch. Sie sehen dieses Zeichen als Ausdruck von Liebe und Sorge. Ein weiteres Zeichen von toxischen Beziehungen ist der Wechsel zwischen hohem Glücksgefühl und langen schwierigen Phasen. Diese Hochs täuschen viele Paare. Durch das Glücksgefühl werden oft die Fehler der Partner verziehen und die Beziehung weitergeführt. Den letzten Punkt kann man vor allem in sich selbst beobachten. Da es in der Beziehung viel Streit gibt, beginnt man selbst, mit kleinen Lügen Streitigkeiten zu vermeiden. Wenn man seinem Partner / seiner Partnerin gegenüber nicht mehr ehrlich sein kann, ist man mit einer sehr hohen Wahrscheinlichkeit in einer toxischen Beziehung.

4 Mobbing betrifft nicht nur Kinder und Jugendliche, auch Erwachsene können Opfer dieses Problems werden. Häufig geschieht dies am Arbeitsplatz. Nicht nur die Psyche der gemobbten ArbeitnehmerInnen wird dadurch belastet, es leiden auch die Leistungsfähigkeit und die Gesundheit darunter. Meist endet Mobbing erst mit einer Kündigung und häufig entscheidet sich das Opfer der Beleidigungen selbst, die Arbeitsstelle aufzugeben. Doch ist dies wirklich fair? Mobbing ist ein ernstzunehmendes Problem, das theoretisch sogar strafbar ist. Beleidigungen, Nachrede, Verleumdung, Körperverletzung und Diskriminierung sind zwar strafbar, aber oft nur sehr schlecht nachweisbar.

Allerdings haben ArbeitnehmerInnen ein Beschwerderecht. Beschwerden über ungerechte Behandlung durch z. B. Kollegen können bei den Arbeitgebern eingereicht werden und laut der arbeitsrechtlichen Fürsorgepflicht müssen sie auch für das Wohl ihrer Angestellten sorgen. Doch wie sieht die Realität aus? In der Realität kommt es kaum bis nie zu Verurteilungen durch Mobbing. Wer eine Chance haben möchte, muss alles genauestens dokumentieren und Beweise und Zeugen sammeln. Selbst dann ist es eher unwahrscheinlich, mehr als eine Abfindung zu bekommen. Fair ist dies zwar nicht, aber besonders bei Mobbing von oben ist es für die Betroffenen oft besser, den Mobbern so früh wie möglich den Rücken zuzukehren und ihr Potential in einer anderen Umgebung zu entfalten.

5 Weitere Dienstleistungen des Konzerns Amazon zu nutzen, solle das Ticket zum Geschäft ihres Lebens für kleine Händler sein – dies wird dem Unternehmen nicht zum ersten Mal vorgeworfen. Doch dieses Mal könnte es richtig teuer werden.

Spaniens Kartellbehörde hat eine Strafe in Höhe von mehr als 1,5 Milliarden Euro gegen Amazon verhängt. Die Anklage lautet Missbrauch der marktbeherrschenden Stellung und Unterdrückung sowie Erpressung kleiner Unternehmen in der Internetversand-Branche. Die spanischen Wettbewerbshüter erklärten, der Riesenkonzern habe mit seiner ausbeuterischen Versandlogistik konkurrierenden Unternehmen geschadet und somit an der Teilnahme am Wettbewerb gehindert.

Konkret wird Amazon vorgeworfen auf der Plattform Amazon.sp jene Verkäufer zu bevorzugen, die die Logistik von Amazon nutzen. Andere Anbieter werden durch eine geringere Sichtbarkeit auf der Seite bestraft und bei Beschwerden darauf hingewiesen, dass sich ihre Sichtbarkeit verbessern würde, wenn sie die konzerninterne Logistik annehmen würden.

„Ungerechtfertigt und völlig übertrieben" heißt es von der Seite des Konzerns. Der Konzern werde hart gegen die Anklage vorgehen. Für Amazons Geschäftsmodell seien alle kleinen Händler zentral und es gebe keinerlei Unterschiede in der Behandlung jener, die Amazon nur als Angebotsplattform nutzen. Auf weitere Vorwürfe der Unterdrückung und Erpressung ging die Pressesprecherin des Konzerns nicht weiter ein.

Leseverstehen Teil 2

Lesen Sie zuerst den Artikel und lösen Sie dann die Aufgaben 6–10 zu den Texten.

Wohnen für Studierende wird noch teurer

Studierende müssen im Schnitt noch mehr Geld für eine Wohnung oder ein WG-Zimmer ausgeben als in den vergangenen Jahren. Die Mietpreise steigen weiter. Das geht aus dem „Studentenwohnreport 2021" hervor, den das Institut der deutschen Wirtschaft Köln (IW) für den Finanzdienstleister MLP angefertigt hat.

In 19 von 30 untersuchten Hochschulstandorten stiegen die Mietpreise für studentische Wohnungen weiter an, um durchschnittlich 1,8 Prozent. Damit fällt der Anstieg etwas geringer aus als in den vergangenen Jahren – allerdings ausgehend von einem hohen Ausgangsniveau.

Die Steigerungen schwanken stark: In Freiburg müssen Studierende 5,9 Prozent mehr für Wohnraum bezahlen als noch im Jahr zuvor. In Berlin zogen die Mietpreise um 5,4 Prozent an, in Konstanz um 4,2 Prozent. In anderen Städten hat sich die Lage entspannt. In Stuttgart sanken die Mieten für studentische Wohnungen um 2,6 Prozent, in Karlsruhe gaben die Mieten um 1,4 Prozent nach.

Trotz sinkender Preise bleibt Stuttgart eine der teuersten Studienstädte Deutschlands. 750 Euro Warmmiete kostet eine studentische Musterwohnung hier im Monat. Teurer ist es nur in München (802 Euro). Am günstigsten wohnen Studierende in Magdeburg (289 Euro), Leipzig (355 Euro) und Greifswald (382 Euro). Die Statistikerinnen und Statistiker legten hierfür eine Wohnfläche von 30 Quadratmetern und eine Lage in direkter Umgebung zur nächstgelegenen Hochschule zugrunde.

Gleichzeitig ist das Einkommen vieler junger Menschen zuletzt gesunken – unter anderem, weil in der Coronapandemie viele Studierende ihre Nebenjobs verloren haben, zum Beispiel in der Gastronomie oder in der Veranstaltungsbranche.
Im Bafög-Höchstsatz ist in Deutschland aktuell eine Wohnpauschale von 325 Euro im Monat inbegriffen. Mit dieser Summe könnten sich Studierende einzig in Magdeburg so eine Musterwohnung leisten. WG-Zimmer sind etwas günstiger. Hierfür würde die Wohnpauschale in rund der Hälfte der Hochschulstandorte ausreichen.

Das Bundesministerium für Bildung und Forschung (BMBF) unter der Leitung von Anja Karliczek (CDU) steht schon seit Längerem in der Kritik: Die Wohnkostenpauschale sei viel zu niedrig und bilde längst nicht mehr die Lebensrealität in vielen Studentenstädten ab.

Wohnungssuchende müssten sich künftig wohl auf noch mehr Konkurrenz einstellen, heißt es in dem Report. Das liege an sogenannten „Nachholeffekten": etwa durch Studierende, die ihren Studienstart wegen der Coronapandemie aufgeschoben haben oder bei ihren Eltern wohnen blieben, um von dort online zu studieren. „Für Erstsemester ohne Netzwerk wird es dann nochmals schwieriger, eine Bleibe zu finden, die in ihr begrenztes Budget passt", sagt der Vorstandsvorsitzende von MLP, Uwe Schroeder-Wildberg.

„Trotz dieser erheblichen Herausforderungen spielen Studierende und die Folgen der Coronapandemie allenfalls eine untergeordnete Rolle", kritisiert IW-Ökonom Michael Voigtländer, der die Studie angefertigt hat. Sein Team habe vor der Bundestagswahl auch die Wahlprogramme analysiert. Studierende und ihre Wohnsituation würden in den Plänen der Parteien kaum berücksichtigt. Dabei seien sie „jedoch nicht nur eine relevante Wählergruppe mit knapp drei Millionen Wählern – sie sind auch für die Zukunft des Landes von entscheidender Bedeutung. Sie stellen die künftigen Leistungsträger und Leistungsträgerinnen des Landes dar."

„Gegen hohe Mietpreise hilft nur bauen, bauen, bauen", sagt Jens Brandenburg, hochschulpolitischer Sprecher der FDP-Bundestagsfraktion. Der knappe Wohnungsmarkt sei eine unnötige Bremse für die freie Wahl der Ausbildung.

Quelle: SPIEGEL.de, Miriam Olbrisch, 22.09.2021, zu Lehrzwecken bearbeitet[3]

Lösen Sie die Aufgaben 6–10. Entscheiden Sie, welche Lösung (a, b oder c) richtig ist, und tragen Sie Ihre Lösung in den Antwortbogen bei den Aufgaben 6–10 ein.

6 Die Mietpreise für studentische Wohnungen

    a sind in allen untersuchten Hochschulstandorten angestiegen.

    b sind in fast allen untersuchten Hochschulstandorten angestiegen.

    c sind in mehr als der Hälfte der Hochschulstandorte angestiegen.

7 In Stuttgart

    a hat sich die Lage entspannt, trotzdem sind die studentischen Wohnungen teuer.

    b hat sich die Lage entspannt und die studentischen Wohnungen sind jetzt billig.

    c ist die Lage angespannt und die studentischen Wohnungen sind wieder teurer.

8 Gleichzeitig ist das Einkommen vieler Studenten

    a trotz Pandemie unverändert.

    b gesunken, weil viele Studierende ihre Nebenjobs verloren haben.

    c wegen der Coronapandemie gestiegen.

9 Die Wohnkostenpauschale

    a wurde aufgrund der hohen Wohnungskosten erhöht.

    b reicht aus, um eine studentische Wohnung in München zu finanzieren.

    c ist viel zu niedrig für studentische Wohnungen in den meisten Bundesländern.

10 Studierende

    a sind eine bedeutende Wählergruppe und für die Zukunft des Landes wichtig.

    b sind keine bedeutende Wählergruppe, weil sie für die Zukunft nicht von Bedeutung sind.

    c wurden im Wahlprogramm nicht berücksichtigt, weil sie keine wichtige Gruppe sind.

Leseverstehen Teil 3

Lesen Sie zuerst die zehn Situationen (11–20) und dann die zwölf Info-Texte (a–l).
Welcher Info-Text passt zu welcher Situation? Sie können jeden Info-Text nur einmal verwenden.
Markieren Sie Ihre Lösungen auf dem Antwortbogen bei den Aufgaben 11–20.
Manchmal gibt es keine Lösung. Markieren Sie dann x.

11 Ein Bekannter möchte gerne in Dubai arbeiten.

12 Eine junge Bekannte möchte gerne Bauchtanzen lernen.

13 Eine Bekannte möchte im Urlaub eine Wüste erkunden.

14 Sie suchen eine Tanzgruppe für ein orientalisches Kulturfest.

15 Eine alleinerziehende Mutter will mit ihren Kindern einen Erlebnisurlaub machen.

16 Sie möchten sich besser bewegen können und lockerer werden.

17 Ein Bekannter möchte eine neue Fremdsprache lernen.

18 Ein befreundetes Ehepaar sieht sich gerne Filme aus aller Welt an.

19 Ein Bekannter interessiert sich für die Geschichte des Nahen Ostens.

20 Eine Bekannte möchte im Urlaub die türkische Kultur näher kennenlernen.

a

Das ultimative Reiseziel!

Die Wasserspiele sind eröffnet.

Sind Sie bereit für ein spritziges Vergnügen? Abu Dhabi bietet die perfekte Umgebung für einen Urlaub voller Abenteuer und Spaß! Mit weltberühmten Freizeitparks und außergewöhnlichen Erlebnissen, wie zum Beispiel schwerelos im Windkanal schweben, ist Abu Dhabi das ideale Urlaubsziel für die ganze Familie!

Sie brauchen mal eine Pause von Ihren lieben Plagegeistern? Nutzen Sie unseren Babysitter-Service und entspannen Sie sich bei einer Runde Golf oder in einem der zahlreichen Spas der Metropole.

b

30 Grad im Schatten ist Ihnen nicht heiß genug? Wie wärs mit 60 Grad in der prallen Sonne?

Buchen Sie jetzt eine Wüstensafari am Rande der größten Wüste der Welt. Erleben Sie extreme Temperaturschwankungen und klare Sternenhimmel. Beweisen Sie sich beim Sandboarding und kosten sie lokale Leckereien beim Festessen im Wüstencamp. Lernen Sie von den Einheimischen Tipps und Tricks über das Überleben in der Wüste und genießen Sie die Vielfalt der orientalischen Kultur.

Jetzt buchen unter www.wüstenritt.com

c

Die Türkei: Geschichte, Gegenwart und Perspektiven

Die Akademie der Wissenschaft in Oldenburg veranstaltet ein öffentlich zugängliches Seminar für alle Ost-Interessierten. In diesem Seminar geht es vor allem um die Türkei und darum, wie die türkische Kultur und Geschichte die Gegenwart des Landes prägt. Zudem werden mögliche Perspektiven für das Land und eine engere Zusammenarbeit mit Deutschland diskutiert. Fragen sind willkommen und gerne können Sie auch Ihre eigenen Ideen zur Diskussion bringen. Wir freuen uns auf Sie!

Ort: Uni Oldenburg, Sprach- und Kulturwissenschaftszentrum
Voranmeldung unter turkologie@unioldenburg.de

d

Freizeitpark! Rennstrecke! Spa! 5-Sterne-Hotel

mit Haubenköchen! Genießen Sie Luxus pur in Dubai. Wir bieten den perfekten Ausgleich für Ihren stressigen Arbeitsalltag. In unserem Resort gibt es keine schreienden Kinder und keine lästigen Teenager. Essen, trinken und erleben Sie mit unserem All-Inklusive-Paket, soviel Sie können. Von Minibar bis zur Versicherung für das Rennauto ist alles inklusive. Machen Sie sich keine Sorgen, selbst bei der Anreise stehen wir Ihnen zur Seite. Damit Sie auch sicher bei uns ankommen, übernehmen wir Ihre Flugbuchung und holen Sie mit Stil in der Limousine vom Flughafen ab.

e

Sie interessieren sich für die Geschichte und die Kultur des Ostens?

Erleben Sie mit uns eine ganz spannende Reise in die Welt des Nahen Ostens. In unserer All-inklusive-Reise in die Türkei ist wirklich alles enthalten, was Sie sich erträumen können. Besuchen Sie die traditionsreichen Städte Istanbul und Ankara. Fliegen Sie im Heißluftballon über die Kappadokien und lernen Sie die türkische Küche aus erster Hand kennen. Besuchen Sie die schönsten Moscheen und Museen. Wagen Sie sich in das Getümmel der traditionellen Märkte und entspannen Sie im Badehaus. Wir stehen Ihnen dabei selbstverständlich immer mit Rat und interessanten Hintergrundinformationen zur Seite. Wir erwarten Sie!

f

Sie wollten schon immer **etwas Außergewöhnliches** machen? Sie wollten schon immer einfach neu durchstarten? Wie wäre es mit einem Schreibtisch in einer hoch entwickelten Metropole im Osten? Mit einem Büro mit Blick aufs Meer und einer Wohnung nur ein paar Stockwerke darüber? Haben Sie Erfahrung im Bereich IT-Sicherheit? Dann laden wir Sie in die Vereinigten Arabischen Emirate nach Dubai ein. Genießen Sie die Aussicht, ein dynamisches, internationales Team und anspruchsvolle Aufgaben!

g

Die erste Staffel von *„Tausendundeine Nacht"* läuft heute ab 18:45 auf Geschichte 1. Die Sammlung morgenländischer Erzählungen ist seit langem ein Klassiker der Weltliteratur. Die Rahmengeschichte von Schahriyâr und Scheherazade ist eine Geschichte für 1001 Nächte. Wie Scheherazade die Geschichten immer am spannendsten Punkt beendet, haben sich die Produzenten auch an diesen Trick gehalten. Wer aber mit 1001 Episoden rechnet, wird enttäuscht werden. Viele Geschichten wurden gekürzt und so manche Geschichte wurde ganz gestrichen. Dafür wird die Geschichte von Scheherazade etwas genauer erzählt und auch ihre Beziehung zum König bekommt viel Aufmerksamkeit.

h

Lust auf eine neue Sprache?

Öffnen Sie Ihren Horizont in Richtung Osten und versuchen Sie es mit einer Sprache aus dem Orient. Die Orientalistik der Ruhr-Universität Bochum bietet ihre Sprachkurse am Wochenende nun auch für Nicht-Studenten an. Für nur EUR 239,- können Sie Anfängerkurse in den Sprachen Arabisch, Türkisch, Ägyptisch, Persisch, Aramäisch oder Hebräisch besuchen. Der Unterricht findet einmal die Woche 2 Stunden lang statt. Alle Kurse dauern 10 Wochen. Aufbaukurse werden auf Anfrage ab 5 Schülern zum gleichen Preis und gleichen Konditionen angeboten.

i

Du möchtest eine neuen Tanz lernen und Deine Bauchmuskeln stärken? Bei uns kannst Du beides machen. In unserem neuen Bauchtanzkurs lernst Du eine alte orientalische Tradition in neuem Licht kennen. Für alle Interessierten gibt es am Wochenende eine kostenlose Schnupperstunde. Für die Stunde bitte eine weite, leichte Hose und ein bauchfreies Top mitbringen.

Ort: Jungendzentrum Gummersbach
Zeit: Samstag, 16:00 Uhr
ohne Voranmeldung

j

Sie brauchen jemanden der Ihre Party so richtig in Schwung bringt? Dann sind Sie bei uns genau richtig! Unser Swing-Dance-Team verwandelt jede Veranstaltung in eine Party. Buchen Sie das ganze Team (10 Paare) oder nur ausgewählte Paare. Unsere Tänzer legen auf Ihrer Party nicht nur eine Show hin. Auf Wunsch tanzen Sie auch mit Ihren Gästen und bringen Leben in die Bude.

Bei Fragen und Interesse: 0172 5631 0298

k

Der Nahe Osten kommt, um Sie zu verzaubern. Im Stadtkino gibt es dieses Wochenende einen ganz besonderen Film-Marathon. Die bekanntesten Filme aus den Arabischen Emirate, der Türkei, Persien und aus Ägypten werden nur dieses Wochenende gezeigt. Selbst wenn Sie kein Arabisch oder Türkisch sprechen, können Sie die Filme durch deutsche Untertitel verstehen. Genießen Sie außerdem orientalische Snacks und Getränke vor und nach den Filmen in der Kinobar.

Kombitickets für 2 Kinotage nur EUR 50,- pro Person, Einzeltickets pro Film EUR 15,- pro Person (Snacks und Getränke exkl.)

l

Sie tanzen wie ein Stock? Ihre Glieder sind schwer und steif? Sie möchten sich endlich wieder so fühlen wie in Ihren 20ern? Mit uns geht das. Durch Lockerungsübungen und intensives Dehnen lockern wir gemeinsam Ihre Muskeln. Nach dem Aufwärmen lernen Sie einfache Tanzschritte und Bewegungen, die Ihnen helfen, sich auch im Alltag wieder geschmeidiger zu bewegen.

Einstieg ist jederzeit möglich. Kommen Sie einfach bei uns im Bewegungsstudio Geschmeidig vorbei und probieren Sie es aus. Wir freuen uns auf Sie!

Sprachbausteine Teil 1

Lesen Sie den folgenden Text und entscheiden Sie, welches Wort (a, b oder c) in die jeweilige Lücke passt. Markieren Sie Ihre Lösungen auf dem Antwortbogen bei den Aufgaben 21–30.

Liebe Laura,

es tut mir leid, dass ich mich erst jetzt bei dir melde. Ich habe schon ein ganz schlechtes Gewissen. Ich wollte dich zu deinem Geburtstag nicht nur anrufen, __21__ dir auch ein Paket schicken, aber mir ist es erst am Tag deines Geburtstags wieder eingefallen und so schnell ist die Post leider nicht. __22__ habe ich mich entschieden dein Geschenk einfach im Koffer __23__, wenn ich dich besuchen komme.

Apropos Besuch, wann soll ich kommen? Für mich ist es am besten, wenn ich fliegen kann, __24__ ich mein Abschlusszeugnis erhalten habe. Wie ist denn das Wetter bei euch so im Sommer? Sag mir doch bitte, __25__ du Zeit hast. Dann finden wir bestimmt eine passende Woche.

Wie geht es dir? Wie geht es deinem süßen Hund? Habe ich __26__ schon erzählt, dass ich freiwillig in einem Tierheim arbeite? Dort gibt es so viele süße Tiere, die von ihren Besitzern verstoßen wurden. Letzte Woche wurde ein wunderschöner Pudel ins Tierheim gebracht. Er hatte __27__ Körper Wunden. Sein Besitzer hat ihn nach einer Hundeschau geschlagen, weil er nicht gewonnen hat. __28__ hat die Polizei den Mann festgenommen und die Tierschützer haben das Tier zu uns gebracht. Ich kann mir gar nicht vorstellen, wie man soetwas __29__ Tier antun kann.

Der Pudel erholt sich gut und spielt oft __30__ den anderen Tieren. Am liebsten würde ich sie alle mit nach Hause nehmen, aber da mein Freund eine Allergie hat, können wir keinen Hund aufnehmen. Aber keine Sorge, wenn ich dich besuchen komme, lasse ich meinen Freund zuhause!

Ich freue mich schon auf dich und deine nächste E-Mail!

Liebe Grüße

Nana

21	a aber b sondern c nicht	24	a sobald b bevor c solange	27	a auf ganze b am ganzen c an ganzem	30	a zu b mit c für
22	a Weil b Aufgrund c Deshalb	25	a wenn b wo c wann	28	a Daraufhin b Später c Weswegen		
23	a mitnehmen b mitgenommen c mitzunehmen	26	a dir b dich c es	29	a unschuldigen b dem unschuldigen c einem unschuldigen		

Sprachbausteine Teil 2

Lesen Sie den folgenden Text und entscheiden Sie, welches Wort aus dem Kasten (a–o) in die Lücken 31–40 passt. Sie können jedes Wort im Kasten nur einmal verwenden. Nicht alle Wörter passen in den Text. Markieren Sie Ihre Lösungen auf dem Antwortbogen bei den Aufgaben 31–40.

So wenige Badetote wie seit 20 Jahren nicht

In Deutschland sind im vergangenen Jahr mindestens 299 Menschen bei Badeunfällen ertrunken – und __31__ so wenige wie seit über 20 Jahren nicht mehr. Die Zahl sank um 20,9 Prozent im Vergleich __32__ Vorjahr, sie sank zudem im dritten Jahr in Folge, wie die Deutsche Lebens-Rettungs-Gesellschaft (DLRG) mitteilt.

Das sei eine „positive Überraschung", weil viele Menschen in der Coronakrise in Flüssen und __33__ unbewachten Badestellen gebadet hätten, sagte DLRG-Präsidentin Ute Vogt: „Damit haben wir für das Jahr 2021 __34__ niedrigsten Stand seit 2000 verzeichnet."

„Das größte Risiko, zu ertrinken, besteht weiterhin in Seen und Flüssen", so Vogt. Zu tödlichen Badeunfällen kommt es den Angaben __35__ vor allem abseits bewachter Strände – oder __36__ der Dienstzeiten der Retter. In den Bädern sorgten meist hauptberufliche Mitarbeiter für Sicherheit, an den Küsten seien es von Anfang Mai bis Ende September Tausende von Freiwilligen.

„Das Problem Ertrinken ist ein männliches Problem", sagte Präsidiums-Vize Achim Wiese. Häufig liege das an Leichtsinn und Selbstüberschätzung, kombiniert __37__ Alkohol. Im vergangenen Jahr starben 241 Männer und 58 Frauen bei Badeunfällen.

57 Prozent der Ertrunkenen __38__ älter als 50 – sie überschätzten die eigenen Fähigkeiten, sagte Wiese. Betroffen sind auch Kinder und junge Menschen: 17 Kinder im Alter bis zehn Jahre ertranken 2021. Unter den 11- bis 20-Jährigen stieg der Zahl der Todesfälle auf 30.

Unglücke mit __39__ jungen Menschen seien besonders tragisch, sagte Vogt. „In diesem Zusammenhang betrachten wir mit großer Sorge, dass heute immer weniger Kinder sicher schwimmen können."

Vogt betonte: „Schwimmen ist eine Kulturtechnik wie das Lesen, Schreiben und Rechnen. Jedes Kind muss das bis zum Ende der Grundschule sicher beherrschen __40__ ." Dafür seien bundesweit mehr Schwimmbäder und ausgebildetes Personal an Schulen nötig: „Dauerhaft zu deutlich mehr sicheren Schwimmern unter den Kindern kommen wir erst, wenn der Schwimmunterricht in den Schulen wieder flächendeckend stattfindet."

Quelle: © dpa, zu Lehrzwecken bearbeitet

a außerhalb	d den	g in	j auf	m zum
b zu	e dürfen	h damit	k können	n so
c waren	f an	i mit	l der	o zufolge

Hörverstehen Teil 1

 듣기 시험 음성 QR
재생시간은 듣기시험 전체 재생시간과 동일하며, 중단 없이 들으면서 동시에 문제를 풀어야 합니다.

Sie hören nun eine Nachrichtensendung. Dazu sollen Sie fünf Aufgaben lösen.
Sie hören die Nachrichtensendung nur einmal.

Entscheiden Sie beim Hören, ob die Aussagen 41–45 richtig oder falsch sind.
Markieren Sie Ihre Lösungen auf dem Antwortbogen bei den Aufgaben 41–45.
Markieren Sie PLUS (+) gleich richtig und MINUS (–) gleich falsch auf dem Antwortbogen.

Lesen Sie jetzt die Aufgaben 41–45. Sie haben dazu 30 Sekunden Zeit.

41 Wegen der sinkenden Geburtenrate braucht man weniger Kindergartenplätze.

42 Mehr als 50 % der Bevölkerung sind gegen den Einsatz der neuen Überwachungskameras.

43 Die österreichische Hauptstadt hat für die Auszeichnung nur eine Urkunde von Singapur bekommen.

44 Experten gehen davon aus, dass die Ölpreise weiter schwanken werden.

45 Der Wüstensand aus der Sahara ist schlecht für die Landwirtschaft.

Hörverstehen Teil 2

Sie hören ein Rundfunk-Interview. Dazu sollen Sie zehn Aufgaben lösen.
Sie hören dieses Interview nur einmal.

Entscheiden Sie beim Hören, ob die Aussagen 46–55 richtig oder falsch sind.
Markieren Sie Ihre Lösungen auf dem Antwortbogen bei den Aufgaben 46–55.
Markieren Sie PLUS (+) gleich richtig und MINUS (–) gleich falsch auf dem Antwortbogen.

Lesen Sie jetzt die Aufgaben 46–55. Sie haben dazu 60 Sekunden Zeit.

46   Bei Frau Patz zuhause in der Küche zu kochen, war stressiger, als im Restaurant zu kochen.

47   Frau Patz kocht an Feiertagen stundenlang alleine für ihre Familie.

48   Sie kocht auch zuhause dasselbe Menü, das sie auch in ihrem Restaurant anbietet.

49   Das Geheimnis für ein harmonisches Menü sind Soßen und Beilagen.

50   Frau Patz kocht zwei bis drei Hauptspeisen an Weihnachten.

51   Die richtige Soße hängt von der Art der Zubereitung der Hauptspeise ab.

52   Zu einer perfekten Harmonie braucht man keine milden Beilagen.

53   Frau Patz hat ihr Buch mit einer guten Freundin gemeinsam geschrieben.

54   Frau Patz hat in ihrer Ausbildung fast nichts über ausgewogene Ernährung gelernt.

55   Für Frau Patz ist es nur zuhause wichtig, ausgewogen und gesund zu kochen.

Hörverstehen Teil 3

Sie hören jetzt fünf kurze Texte. Dazu sollen Sie fünf Aufgaben lösen.
Sie hören diese Ansagen nur einmal.

Entscheiden Sie beim Hören, ob die Aussagen 56–60 richtig oder falsch sind.
Markieren Sie Ihre Lösungen auf dem Antwortbogen bei den Aufgaben 56–60.
Markieren Sie PLUS (+) gleich richtig und MINUS (–) gleich falsch auf dem Antwortbogen.

56   In Nürnberg gibt es im Juni zwei Musikfestivals im Park.

57   Der RJ 257 überquert die Staatsgrenze auf seiner Strecke.

58   Die Wanderung ist eine Rundwanderung und beginnt und endet in Deutschland.

59   Es gibt Kanalarbeiten auf der Artur-Ladebeck-Straße.

60   Auf dem Öko- und Bauernmarkt gibt es auch Lerngelegenheiten für Kinder.

Schriftlicher Ausdruck

Wählen Sie zuerst zwischen **Aufgabe A** und **Aufgabe B.**

Entscheiden Sie schnell, denn die zur Verfügung stehende Zeit ist begrenzt auf 30 Minuten!

Aufgabe A: **Bitte um Informationen**

oder:

Aufgabe B: **Beschwerde**

Die Aufgaben finden Sie auf den Seiten 55 und 56.

> Übertragen Sie diese Nummer auf den
> Antwortbogen S30, S. 5:
>
> | 0 | 0 | 0 | 0 | 0 | 0 |
>
> Testversion
>
> **Wenn Sie diese Nummer nicht übertragen,
> wird Ihre Prüfung nicht ausgewertet.**

Schriftlicher Ausdruck, Aufgabe A

In der Zeitung lesen Sie folgende Anzeige:

Dachs
Die Reiseversicherung für Ihr nächstes Abenteuer

Dachs wurde von Ärzten gegründet, um Ihre Gesundheit auch im Ausland zu garantieren. Wir setzen auf Innovation und investieren unsere Profite in Forschungsprojekte auf der ganzen Welt. Unser mehrsprachiges Servicepersonal ist 24/7 für Sie da.

Unsere Reiseversicherung beinhaltet auch Stornierungskosten, Gepäckverlust- und Diebstahlversicherung. Weitere Extras und ein Angebot, das genau auf Sie zugeschnitten wird, erhalten Sie online unter www.dachs-versicherungen.de

Bei weiteren Fragen wenden Sie sich bitte an unseren Kundenservice.
kundenservice@dachs-versicherungen.de

Sie möchten eine Reiseversicherung abschließen und haben noch Fragen. Sie reisen gerne alleine und halten sich auch gerne in Risikogebieten auf. Bitten Sie in einem Schreiben an die Dachs Versicherungen AG um mehr Informationen.

Behandeln Sie darin entweder
a) drei der folgenden Punkte
oder
b) zwei der folgenden Punkte und einen weiteren Aspekt Ihrer Wahl.

- Legen Sie dar, wohin Sie gerne reisen und wie gefährlich das ist.
- Beschreiben Sie Ihre Pläne für zukünftige Reisen und welche Risiken damit evtl. verbunden sind.
- Erläutern Sie, welche Leistungen Sie sich wünschen.
- Stellen Sie weitere Fragen zu den Leistungen.

Überlegen Sie sich vor dem Schreiben eine passende Reihenfolge der Punkte, einen passenden Betreff, eine passende Anrede, Einleitung und einen passenden Schluss.

Schreiben Sie mindestens 150 Wörter.

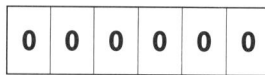

Übertragen Sie diese Nummer auf den Antwortbogen S30, S. 5:

| 0 | 0 | 0 | 0 | 0 | 0 |

Testversion

Wenn Sie diese Nummer nicht übertragen, wird Ihre Prüfung nicht ausgewertet.

Schriftlicher Ausdruck, Aufgabe B

In der Zeitung lesen Sie folgende Anzeige:

Connectiva
Die Berufs- und Kontaktmesse für Studenten und Studentinnen

Sie studieren, aber wissen noch nicht, wohin Sie nach dem Studium sollen? Nirgends kann man besser Kontakte knüpfen als auf einer Berufsmesse. Auf der Connectiva stellen sich über 500 Unternehmen vor. Man kann hier nicht nur die Unternehmen unter die Lupe nehmen, sondern auch die Personaler/innen kennen lernen und ein wenig Vitamin B sammeln. Zudem werden auch Stellenausschreibungen und Projekte für Abschlussarbeiten vorgestellt. Also am besten auch gleich einen Lebenslauf mitnehmen.

Sie haben noch kein Studium begonnen? Kommen Sie trotzdem vorbei. Der Eintritt kostet nur 10 € und sich nur zu informieren, kostet bei den Ständen auch nichts. Mehr Infos finden Sie unter connectiva.de

Bei Fragen und Anregungen stehen wir Ihnen gerne beiseite: kundendienst@connectiva.de

Sie haben die Berufs- und Kontaktmesse Connectiva besucht. Leider waren Sie überhaupt nicht zufrieden. Schreiben Sie eine Beschwerde an den Messeveranstalter.

Behandeln Sie darin entweder
a) drei der folgenden Punkte
oder
b) zwei der folgenden Punkte und einen weiteren Aspekt Ihrer Wahl.

- Beschreiben Sie Ihre Erwartungen nach der Lektüre der Werbeanzeige.
- Legen Sie dar, was Sie auf der Messe erlebt haben.
- Erklären Sie, was Sie nun vom Veranstalter erwarten.
- Beschreiben Sie, was Sie tun, falls Sie keine Antwort bekommen.

Überlegen Sie sich vor dem Schreiben eine passende Reihenfolge der Punkte, einen passenden Betreff, eine passende Anrede, Einleitung und einen passenden Schluss.

Schreiben Sie mindestens 150 Wörter.

Mündlicher Ausdruck

Teilnehmer/in A/B/(C)
Einander kennenlernen

Stellen Sie sich Ihrer Partnerin/Ihrem Partner vor. Sie können z. B. darüber sprechen, warum Sie Deutsch lernen, welche Interessen oder Hobbys Sie haben oder wie Sie sich auf die Prüfung vorbereitet haben usw.

Dieser Teil der Prüfung wird nicht bewertet.

Teilnehmer/in A/B/(C)

Teil 1 Über Erfahrungen sprechen

Sie sollen Ihrer Partnerin bzw. Ihrem Partner über Ihre Erfahrungen zu einem der folgenden Themen berichten. Die Stichpunkte in den Klammern können als Anregung dienen. Sie haben dazu ca. 1 ½ Minuten Zeit. Im Anschluss sollen Sie die Fragen Ihrer Partnerin bzw. Ihres Partners beantworten.

Danach spricht Ihre Partnerin bzw. Ihr Partner ebenfalls über ihr bzw. sein Thema. Folgen Sie aufmerksam dem Redebeitrag und überlegen Sie sich Fragen, die Sie ihr/ihm stellen könnten. Unterbrechen Sie sie/ihn nicht. Stellen Sie einige Fragen zum Thema, wenn sie/er ihren/seinen Redebeitrag beendet hat.

Themen zur Auswahl:

- Ein Buch, das Sie gelesen haben (Thema, Autor, Ihre Meinung usw.)

- Einen Film, den Sie gesehen haben (Thema und Handlung, Schauspieler, Ihre Meinung usw.)

- Eine Reise, die Sie unternommen haben (Ziel, Zeit, Land und Leute, Sehenswürdigkeiten usw.)

- Eine Musikveranstaltung, die Sie besucht haben (Musikrichtung, Musiker, Ort, persönliche Vorlieben usw.)

- Ein Sportereignis, das Sie besucht haben (Sportart, Ort, Personen, Ergebnis usw.)

- Eine Person, die in Ihrem Leben wichtig war (wer, wann, warum wichtig usw.)

- Eine wichtige Erfahrung, die Sie in Ihrem Leben gemacht haben (was, wann, wo, mit wem, warum wichtig usw.)

Teilnehmer/in A/B/(C)

Teil 2 Diskussion

Lesen Sie folgenden Text. Diskutieren Sie mit Ihrer Partnerin bzw. Ihrem Partner über den Inhalt des Textes, bringen Sie Ihre Erfahrungen ein und äußern Sie Ihre Meinung. Begründen Sie Ihre Argumente. Sprechen Sie über mögliche Lösungen.

Luftverschmutzung in der EU

Können neue EU-Verordnungen das Problem unter Kontrolle bringen?

In der EU gelten schon seit einigen Jahren Grenzwerte für verschiedenste Partikel, die unsere Luft verschmutzen. Dennoch überschreiten viele EU-Staaten die gesetzten Grenzen. Dass Luftverschmutzung eine der größten Gefahren für die Gesundheit der Menschen ist, wird dabei völlig außer Acht gelassen. In der EU kamen 2019 etwa 307.000 Menschen durch Luftverschmutzung ums Leben. Neue EU-Verordnungen sollen nun das Problem unter Kontrolle bringen. Doch welchen Einfluss können diese Verordnungen auf das Verhalten der Staaten haben?

Vor allem die Luftverschmutzung durch bodennahes Ozon und Feinstaub ist ein großes Risiko für viele Europäer. Derzeit gelten in der EU Grenzwerte für 13 verschiedene Schadstoffe, aber es drohen den Ländern bei der Überschreitung keine bis nur sehr geringe Strafen. Wenn härtere Richtlinien eingeführt werden sollen, müssen diese von Strafen bei einer Überschreitung begleitet werden. Ansonsten sind diese Richtwerte eine bedeutungslose Ziffer auf Papier.

Derzeit gelten in der EU geringere Grenzwerte, als die Richtlinien der WHO vorgeben. Viele Staaten in der EU können es sich einfach nicht leisten, diese Richtlinien einzuhalten. So heizen noch viele Menschen in Osteuropa mit Holz und Kohle. In diesen Ländern kann die Feinstaubbelastung nur weniger werden, wenn die EU alternative Energie- und Heizprojekte unterstützt und fördert. Strengere Regeln und höhere Strafen sind in diesen Ländern eher kontraproduktiv.

Dennoch würde es sich in reichen Ländern wie Deutschland lohnen, niedrigere Grenzwerte und härtere Strafen zu veranlassen. Da sich somit die Investitionen in umweltfreundlichere Energiequellen und bessere Luftfilter für den Staat auch rentieren. Allerdings sollten Menschenleben in dieser Diskussion an erster Stelle stehen. Daher ist es wichtig, dass die Rendite dieser Strafen in Projekte zur Luftverbesserung investiert werden. Ansonsten verpeilen die EU-Verordnungen ihr Ziel und tragen nur zur Ungleichheit in der EU bei.

Teilnehmer/in A/B/(C)

Teil 3 Gemeinsam etwas planen

Eine Gruppe deutschlernender Studenten (19 - 25 Jahre) aus Ihrer Heimat möchte eine Reise nach Deutschland, Österreich oder in die Schweiz machen. Sie sollen dabei helfen, den Aufenthalt für die Studenten so interessant wie möglich zu gestalten.

Überlegen Sie, welche kulturellen und sprachlichen Aspekte des Ziellandes für diese Studenten besonders interessant sein könnten. Machen Sie Vorschläge und planen Sie mit Ihrem Partner / Ihrer Partnerin einen 5-tägigen Aufenthalt für die Studenten.

Modelltest 3

듣기 시험 음성 QR코드는 첫 번째 듣기 문제 시작 부분에 있습니다.

Leseverstehen Teil 1

Lesen Sie zuerst die zehn Überschriften. Lesen Sie dann die fünf Texte und entscheiden Sie, welche Überschrift (a–j) am besten zu welchem Text (1–5) passt.

Tragen Sie Ihre Lösungen in den Antwortbogen bei den Aufgaben 1–5 ein.

a WM-Medaillen für alle

b Große Unterschiede in der Nutzung des Internets

c *Probleme bei der Rad-Europameisterschaft*

d **Schlechte Stadt-Land-Verteilung ist schuld an der hohen Sterberate**

e *Warum bevorzugen immer mehr Menschen E-Bikes?*

f E-Bike WM für Jedermann

g Europameister bricht nach Zielsprint zusammen

h Ältere Menschen sterben auf dem Land früher

i **E-Bikes wurden für Senioren erfunden**

j Offlinerbewegung in Deutschland

---

1 Am 3. September wird Ischgl wieder Schauplatz der E-Bike WM für Jedermann. An der offen E-Bike WM darf jeder über zehn teilnehmen. Selbst Fahrer ohne E-Bike können sich vor Ort eines ausleihen und am Rennen teilnehmen. In zwei Klassen treten die Fahrer gegeneinander an. Die Klasse für erfahrene Rennfahrer heißt „Elite" und hier werden die schnellsten Biker nach Alter und Geschlecht gekürt.

Die Wertungsklasse „Jedermann" funktioniert ein wenig anders. Die Fahrer treten nicht gegeneinander, sondern gegen festgelegte Fahrzeitlimits an. So gibt es beim Unterschreiten eines der definierten Limits eine Medaille. Für das Event gibt es offizielle E-Biker Jedermann WM-Gold-, Silber- und Bronzemedaillen.

Die Jedermann-Strecke führt 24 Kilometer lang über breite Wege vorbei an traumhaftem Panorama und beeindruckender Bergkulisse. Über die gesamte Strecke überwindet man etwa 700 Höhenmeter. Für die Elite-Teilnehmer ist eine 32 Kilometer lange Strecke über mehr als 1000 Höhenmeter geplant. Sie führt über technisch anspruchsvolle Wege mit steilen Anstiegen und spektakuläre Singletrails.

Vor dem Rennen ist ein obligatorischer Fahrradcheck vorgesehen, bei dem überprüft wird, ob das E-Bike auch für das Rennen geeignet ist. Für Zuschauer und Begleiter wird ein buntes Rahmenfest veranstaltet. Von Informationen über E-Bikes, zu einer Ausstellung der ältesten und neuesten Modelle, bis hin zu Getränken und Speisen wird alles geboten.

2

Das BiB (Bundesinstitut für Bevölkerungsforschung) teilte mit, dass Menschen, die im ländlichen Raum wohnen, eine höhere Sterblichkeit in ihren 80er aufweisen als gleichaltrige Menschen, die in der Stadt leben. Diese erhöhte Sterblichkeit gilt für Männer und Frauen.

Diese Aussage folgt auf die Auswertung mehrerer regionaler Studien aus Großbritannien und Deutschland. Bei der Auswertung wurde ein systematischer Stadt-Land-Unterschied bei der Sterblichkeit in hohem Alter festgestellt. So ist in Deutschland die Sterblichkeit der Über-80-Jährigen auf dem Land etwa fünf bis zehn Prozent höher als die Sterblichkeit in den Städten.

Die Ursachen wurden in dieser Untersuchung nicht festgestellt. Allerdings kann man aus anderen Studien schließen, dass der Unterschied in der medizinischen Versorgung eine Rolle spielt. So gibt es auf dem Land deutlich weniger Ärzte und auch kaum Spezialisten. Für ältere Menschen, die schon weniger mobil sind, ist dies natürlich ein Hindernis.

Dieses Problem wird auch Folgen für die Zukunft mit sich ziehen. Prognosen zeigen, dass die Alterung der Gesellschaft auch weiterhin zunehmen wird. Auf dem Land leben derzeit schon überdurchschnittlich viele ältere Menschen. Auch der Ärztemangel wird sich nicht von selbst lösen. Die Politik muss sich diesem Problem annehmen und die Stadt-Land-Verteilung der Mediziner verändern. Es werden vor allem Experten in der Altenpflege gebraucht, heißt es vom BiB.

3

In Deutschland haben ca. 6 Prozent der Menschen, im Alter von 16 bis 74 Jahren, noch nie das Internet verwendet. Dies zeigt eine Statistik des Statistischen Bundesamts. Das ist jeder 20. oder knapp 5 Millionen Menschen. Vor allem in den älteren Generationen gibt es viele Menschen, die komplett offline leben. So sind 21 Prozent der 65- bis 75-Jährigen sogenannte Offliner. In der Generation 80+ sind nur etwas mehr als ein Drittel online. Verglichen mit der Gesamtbevölkerung 88 % ist dies sehr gering. Es zeigt sich auch ein starker Unterschied zwischen Männern und Frauen in der Gruppe der Hochaltrigen. So nutzen mehr als 50 Prozent der Männer über 80 zwar das Internet, aber nicht einmal 30 Prozent der Frauen nutzen das Web. In den jüngeren Generationen unter 55 Jahren gibt es kaum noch Offliner. Der Höchstwert der Unter-55-Jährigen war 3 Prozent.

Im EU-Schnitt lag Deutschland etwas unter dem Durchschnitt. In Griechenland sind ca. 20 Prozent Offliner und in Bulgarien und Portugal sind je 17 und 16 Prozent der Bevölkerung offline. Die Niederlande und Schweden hingegen haben eine Offline-Rate von je 3 und 1 Prozent. Somit zeigt sich ein eindeutiger Unterschied zwischen Ländern mit hohem und niedrigem BIP pro Kopf. Weltweit wird die Rate der Menschen, die das Internet noch nie genutzt haben, auf rund 37 Prozent geschätzt.

4

Sonny Colbrelli hatte vor der Katalonien-Rundfahrt wegen einer Bronchitis pausiert. Ganz genesen war der Italiener aber offenbar noch nicht.

Der italienische Rad-Europameister Sonny Colbrelli ist nach dem Zielsprint der Auftaktetappe bei der Katalonien-Rundfahrt kollabiert und bewusstlos zusammengebrochen. Wie sein Team Bahrain Victorious am Montag mitteilte, wurde der Sprintspezialist im Zielraum umgehend medizinisch versorgt und anschließend in ein Krankenhaus gebracht. Bei seinem Abtransport mit einem Krankenwagen in das Universitätskrankenhaus von Girona sei er in einem stabilen Zustand gewesen. In dem Hospital würden weitere medizinische Untersuchungen vorgenommen, teilte der Rennstall mit. „Es geht ihm schlecht, aber er wird in ein Hospital gebracht. Er ist bei Bewusstsein und spricht", sagte Teamchef Milan Erzen. Der 31-jährige Colbrelli war beim Rennen Paris-Nizza wegen einer Bronchitis ausgestiegen und hatte deswegen auch auf einen Start bei Mailand-Sanremo am vergangenen Samstag verzichtet.

Im Bergaufsprint ins Ziel der ersten Etappe hatte Colbrelli zuvor Platz zwei belegt. Sieger wurde der australische Radprofi Michael Matthews, der zugleich auch die Führung in der Gesamtwertung übernahm. Am Dienstag wird ein Sprintfinale erwartet. Nach 202 Kilometern endet die auf den letzten 30 Kilometern komplett flache Etappe im französischen Perpignan. Am Mittwoch und Donnerstag sind deutlich mehr Höhenmeter zu bewältigen. Die Rundfahrt endet am Sonntag in Barcelona.

Quelle: © dpa, zu Lehrzwecken bearbeitet

5

Das E-Bike galt bis vor Kurzem noch als ein praktisches Hilfsmittel für nicht mehr so mobile Senioren. Viele ältere Personen genossen durch E-Bikes eine einfache und bequeme Art der Fortbewegung. Durch den Elektromotor wurden auch lange Strecken und kleine Steigungen wieder möglich.

Doch inzwischen ist das E-Bike nicht mehr nur ein praktisches Fahrzeug für die ältere Generation. Das E-Bike hat sich in den letzten Jahren als richtiges It-Item herausgestellt. In Deutschland stiegen in den letzten Jahren die Verkaufszahlen stark an. Im vergangenen Jahr wurden etwa eine Million E-Bikes verkauft. Dies liegt aber nicht nur an der Bequemlichkeit. Ein E-Bike bringt viele Vorteile. Ein E-Bike ist, zum Beispiel, umweltfreundlich. Der Elektromotor ist leise und emissionsfrei. Zudem ist man mit einem E-Bike oft schneller unterwegs, als wenn man selbst in die Pedale treten muss. In Deutschland darf man mit E-Bikes 25 km/h schnell fahren, was deutlich schneller ist als die rund 18 km/h Durchschnittsgeschwindigkeit auf einem normalen Fahrrad. Vor allem wenn man in einer hügeligen Landschaft lebt, hilft ein elektrisches Fahrrad auf dem Weg zur Arbeit oder zum Einkaufen. In diesem Bereich hat es auch noch einen Vorteil: Es ist der perfekte Kompromiss zwischen sich nicht bewegen und verschwitzt ankommen. Das konstante Training ist zwar nicht sehr ermüdend, aber es wirkt sich dennoch positiv auf die Gesundheit aus.

Leseverstehen Teil 2

Lesen Sie zuerst den Artikel und lösen Sie dann die Aufgaben 6–10 zu den Texten.

Studie warnt vor Atemwegsbelastung durch Schadstoffpartikel

Sauber riecht erst mal gesund. Doch mit handelsüblichen Reinigungsmitteln zur Desinfektion können Schadstoffpartikel in die Lunge eindringen. Wie sie die Gesundheit gefährden? Unklar. Aber die Forscher haben einen Tipp.

Die Pandemie hat auch Folgen, die nicht offensichtlich sind: Büros, Sportstudios und Läden, aber auch Privathaushalte sind in den vergangenen zwei Jahren vermutlich besonders intensiv geputzt und desinfiziert worden. Doch handelsübliche Reinigungsmittel zur Desinfektion von Oberflächen in Innenräumen können einer Studie zufolge kleine Schadstoffpartikel in die Atemwege von Menschen einbringen – und zwar in einem Ausmaß, das beim Einatmen von Autoabgasen in Straßenschluchten entstehe. Das Team um die Chemikerin Colleen Rosales, präsentiert die Ergebnisse im Journal „Science Advances".

Dass Putzmittel nicht nur sauber machen, sondern unter Umständen auch gesundheitsschädlich wirken könnten, haben bereits mehrere Studien nahegelegt. So stellte eine 2018 veröffentlichte norwegische Langzeitstudie fest, dass Menschen, die sehr viel putzen, eine schwächere Lunge hätten als solche, die nie sauber machten. Den stärksten Abfall der Lungenfunktion beobachteten die Wissenschaftler der Universität Bergen bei Reinigungskräften. Eben jene standen auch im Fokus einer belgischen Studie, die ein Jahr zuvor berichtete, dass das Sterberisiko männlicher Reinigungsfachkräfte deutlich höher sei als etwa das von Büroangestellten. Privatpersonen könnten sogar noch gefährdeter sein, da sie wenig über entsprechende Sicherheitsmaßnahmen wüssten, sowie die Produkte falsch anwenden oder bedenkenlos kombinieren würden.

Zu den grundlegendsten Vorsichtsmaßnahmen gehört das Tragen von Handschuhen. Dass allerdings nicht nur direkter Hautkontakt problematisch sein könnte, legt die neue Studie nun nahe. Die Forscher konzentrierten sich insbesondere auf Putzmittel, die nach Zitrusfrüchten oder Pinie riechen. Derartige Reiniger enthalten häufig ätherische Öle. Wie die Forscher beschreiben, setzen diese Mittel flüchtige organische Verbindungen (VOC) frei. Einige VOC, die aus verschiedenen Quellen stammen, könnten Sinnesreizungen, Kopfschmerzen, aber auch Organschäden und selbst Krebs verursachen, so eine Auflistung der US-amerikanischen Umweltschutzbehörde EPA.

Für die Studie wurde ein Testraum mit einem handelsüblichen Putzmittel eine knappe Viertelstunde gewischt und gereinigt, während die Wissenschaftler kontinuierlich die Raumluft analysierten. Nach Berechnungen des Teams atmet ein Mensch, der einen derartigen Reiniger nutzt, etwa 30 bis 40 Mikrogramm primäre flüchtige organische Verbindungen pro Minute ein. Massemäßig sei das nicht viel, doch viele der entstandenen Partikel bewegten sich im Nanogrößen-Bereich und könnten so gesundheitliche Folgen haben, da sie dazu in der Lage seien, in tiefste Regionen der Lunge vorzudringen.

Die Autoren betonen indes selbst, dass bislang wenig über das toxikologische Profil jener Teilchen bekannt sei, obwohl früheren Studien zufolge eine zellschädigende Wirkung nicht ausgeschlossen werden könne. Trotz dieser Unsicherheiten bestehe Anlass zur Sorge für Menschen, die etwa aufgrund ihrer Tätigkeit viel Arbeitszeit mit der Reinigung von Oberflächen in Innenräumen verbrächten. „Darüber hinaus wird die Exposition am Arbeitsplatz und in Privathaushalten, die zu gesundheitlichen Beeinträchtigungen führt, wahrscheinlich durch die verstärkte chemische Desinfektion von Innenraumoberflächen während der derzeitigen Coronavirus-Pandemie beeinflusst", schreiben die Autoren weiter.

Was tun, bis man mehr weiß? Intelligentes Lüften, sagen die Forscher, könnte schon mal helfen, die Ansammlung von Teilchen zu reduzieren.

Quelle: © dpa, zu Lehrzwecken bearbeitet

Lösen Sie die Aufgaben 6–10. Entscheiden Sie, welche Lösung (a, b oder c) richtig ist, und tragen Sie Ihre Lösung in den Antwortbogen bei den Aufgaben 6–10 ein.

6 Aufgrund der Pandemie

    a wurden mehr Reinigungsmittel als je zuvor verkauft.

    b wurden öffentliche Einrichtungen und Büros häufiger intensiv geputzt.

    c wurde jeden Morgen jedes Büro desinfiziert.

7 Eine Studie, von Colleen Rosales und ihrem Team, stellt nun fest,

    a dass Menschen, die sehr viel putzen, eine schwächere Lunge haben.

    b dass bei der Desinfektion von Oberflächen im Innenraum kleine Schadstoffpartikel in die Lungen kommen können.

    c dass Putzmittel nicht nur sauber machen, sondern auch gesundheitsschädlich sind.

8 Zu den wichtigsten Vorsichtsmaßnahmen gehört

    a das Wissen einer Reinigungsfachkraft.

    b der Duft ätherischer Öle.

    c das Tragen von Handschuhen.

9 Flüchtige organische Verbindungen können

    a Sinnesreizungen, Kopfschmerzen, Organschäden und Krebs verursachen.

    b Übelkeit und Erbrechen hervorrufen.

    c nur nach Zitrusfrüchten oder Pinie riechen.

10 Bis mehr über die Teilchen bekannt wird, sollte man

    a auf chemische Desinfektion und Reinigung verzichten.

    b intelligent lüften, um die Anzahl der Teilchen zu reduzieren.

    c sollte man einen Kurs über richtiges Putzen besuchen.

Leseverstehen Teil 3

Lesen Sie zuerst die zehn Situationen (11–20) und dann die zwölf Info-Texte (a–l).
Welcher Info-Text passt zu welcher Situation? Sie können jeden Info-Text nur einmal verwenden.
Markieren Sie Ihre Lösungen auf dem Antwortbogen bei den Aufgaben 11–20.
Manchmal gibt es keine Lösung. Markieren Sie dann x.

11 Ein Bekannter möchte am Wochenende in ein Wellnesshotel fahren.

12 Die Tochter einer Bekannten möchte eine Ausbildung zur Nagelpflegerin machen.

13 Eine Bekannte interessiert sich für Akupunktur und Akupressur.

14 Ein befreundetes Ehepaar möchte sich gesünder ernähren und sucht nach einem Kochkurs für gesundes Essen.

15 Sie haben Schmerzen, aber Sie wissen nicht wieso. Sie suchen Antworten.

16 Eine Bekannte möchte sich regelmäßig massieren lassen.

17 Ein Bekannter, der schon etwas älter ist, möchte sich mehr um seine Gesundheit kümmern.

18 Sie möchten eine Gesundheitsuntersuchung machen. Sie wissen aber nicht, ob Ihre Krankenkasse das bezahlt.

19 Ein Bekannter möchte sich gerne freiwillig engagieren.

20 Eine Bekannte spendet jedes Jahr Geld an eine medizinische Einrichtung. Sie sucht eine Einrichtung für dieses Jahr.

a

„Hilfe! Ich werde alt!", diesen Gedanken hatten wir alle schon einmal. Keine Sorge. Wir helfen Ihnen. Wir arbeiten unter dem Motto:

„Check up und los!"

Lassen Sie sich von unseren Ärzten von oben bis unten durchchecken und erhalten Sie im Anschluss einen Trainingsplan, der nur auf Sie zugeschnitten ist. Wir erlauben Ihnen sich wieder etwas jünger zu fühlen! Mit uns werden Sie im Nu wieder fit.

b

Sie blicken beim ersten Treffen immer sofort auf die Hände? Damit sind Sie nicht alleine. Gepflegte Hände fallen immer sofort ins Auge. Wenn Sie Menschen dabei helfen wollen, gepflegte Hände und Füße zu haben, machen Sie bei uns eine Ausbildung für professionelle Fuß- und Nagelpflege.

Ausbildung zum Maniküríst / zur Maniküristin:
Dauer: 2 Tage je 8 Stunden (1 Stunde Mittagspause)
Kosten: € 595,-
Kursbeginn: 01.08., 24.10. und 24.04.

c

Nailtecks aufgepasst! *Für all die, die immer die neuesten Trends verfolgen, bietet InterNagel am kommenden Wochenende eine Vorführung der neuesten Technik für perfekte Gelnägel an. Im Eintrittspreis sind 3 beliebige Farben des neuen Gels und eine LED-Lampe enthalten. InterNagel bietet zudem eine detaillierte Einführung in die revolutionäre Methode in Kleingruppen für VIP-Gäste an. Sichern Sie sich Ihre Tickets jetzt und erhalten sie zwei extra Farben Nagellack.*

d

Etwas Erholung am Wochenende gefällig?
Wie wär's mit einem Aufenthalt am Schlaraffensee in einer wunderschönen blauen Villa. Das Villa Aqua Resort bietet auf einem traumhaften Seegrundstück mit wunderschönen Zimmern und Suiten, einem luxuriös ausgestatteten Spa und perfekt trainierten Angestellten ein märchenhaftes Erholungsparadies. Genießen Sie zudem ausgezeichnete Speisen in unserem Restaurant und den romantischen Sonnenuntergang am See. Außerdem finden Sie ein breites Angebot an entspannenden Massagen und verjüngender Körperpflege.

e

Es ist Zeit für Veränderungen in Ihrer Küche. Brechen Sie aus den alten Gewohnheiten aus und lernen Sie endlich, wie man Spargel und Knollenziest so richtig lecker zubereitet. Wir zeigen Ihnen traditionelle Rezepte von unseren Großeltern sowie die neuesten Trends aus der Fusion-Küche, aber gesünder. Mit unseren kleinen Tricks senken Sie automatisch Ihren Blutzuckerspiegel und Ihr Cholesterin. Melden Sie sich jetzt für unseren 4-wöchigen Anfängerkurs an und nehmen Sie Ihren Partner beziehungsweise Ihre Partnerin einfach mit.

f

Eine Gruppe der Gesellschaft, die Ihre Hilfe dringend benötigt, sind Senioren. Helfen Sie jetzt mit und werden Sie aktiv. Unterstützen Sie als Freiwilliger die ältere Generation dabei, sich wieder mehr zu bewegen. Begleiten Sie die Senioren in die Sporthalle für die morgendliche Aerobicstunde und zum Schwimmbecken am Nachmittag. Spazieren Sie mit unseren Gästen durch den Park und lauschen Sie der ein oder anderen spannenden Geschichte. Helfen Sie, die Einsamkeit und die Trägheit zu bekämpfen.

g

Diäten sind anstrengend, schwer zu folgen und langweilig? Sie brauchen endlich etwas, das Ihnen hilft Ihre Ziele zu erreichen? Wir machen es Ihnen leicht. Mit unserem 10-wöchigem Kochbox-Abo wird Ihnen bestimmt nie langweilig und dank der vorberechneten Mengen können sie auch auf das lästige Kalorienzählen verzichten. Wir bieten Ihnen abwechslungsreiche Rezepte und eine garantiert ausgewogene Ernährung. Mit viel Gemüse und Suppen bleiben Sie trotz geringer Kalorien lange satt. Probieren sie unser Diät-Abo für eine Woche zum Sensationspreis! Diäten sind nicht so Ihr Ding? Sie schlemmen lieber? Dann testen Sie jetzt unser neues Genuss-Abo! Käse, Kaviar und Trüffel! Es wird Ihnen an nichts fehlen.

h

Verspannungen führen nicht nur zu eingeschränkter Beweglichkeit. In schwerwiegenden Fällen können vor allem Schulterverspannungen auch Kopfschmerzen, Schwindel und Übelkeit hervorrufen. Lassen Sie es nicht soweit kommen. Gönnen Sie sich ein klassisches Massagen-Abo und werden Sie die lästigen Verspannungen los. Zehn klassische Massagen á 30 Minuten für nur € 200,-. Unsere Spezialisten gehen genau auf die Problempunkte jedes Kunden ein und können über den Zeitraum der Behandlungen auch Veränderungen in Ihrem Körper besser feststellen und therapeutisch behandeln. Gut Ding braucht Weile.

i

Ihre Gelenke schmerzen? Auf Medikamente haben Sie nicht angesprochen oder Sie möchten keine Medikamente mehr nehmen? Nichtmedikamentöse Verfahren können in diesem Fall Abhilfe schaffen. Alternative Schmerzbehandlung wird bei uns mit Akupunktur durchgeführt. Akupunktur wird vor allem für chronische Schmerzzustände wie Migräne und Rheuma eingesetzt. Hierfür werden feine Nadeln an ganz bestimmten Stellen in den Körper gestochen. Diese Nadelung lindert die Schmerzen, indem es die Reizleitung des Nervensystems beeinflusst. Sie haben vor den Nadeln Angst? Keine Sorge! Sie werden die Nadeln selbst kaum spüren und bald auch Ihren Schmerz nicht mehr!

j

Das Deutsche Rote Kreuz hilft weltweit. Nicht nur in akuten Krisen, sondern auch langjährige Projekte wie Entwicklungszusammenarbeit und Wiederaufbau werden vom Deutschen Roten Kreuz unterstützt. Damit wir weiterhin helfen können, brauchen wir Ihre Hilfe. Das Deutsche Rote Kreuz ist eine gemmeinnützige Organisation, daher haben wir keine fixen Einkünfte. Dennoch sind unsere freiwilligen Helfer Tag und Nacht im Einsatz, um Leben zu retten, Häuser wiederaufzubauen und vieles mehr. **Werden Sie Teil des Teams und helfen Sie mit Ihrer Spende bequem von zuhause aus mit.**

k

Akupunktur eignet sich hervorragend, um chronische Schmerzen zu behandeln. Der Vorsitzende der Deutschen Akupunktur Gesellschaft lädt am Donnerstag zu einem Kurzseminar über das Thema „Akupunktur und Akupressur: Schmerztherapie und Diagnose" ein. Lernen Sie alles über die Jahrtausend alte, chinesische Tradition der medizinischen Behandlung. Erfahren Sie auch mehr über die orthopädische Diagnose von chronischem Schmerz. Zusätzlich können Sie wichtige Akupressurpunkte zur Selbstbehandlung kleiner Leiden lernen und ausprobieren.

l

Frühzeitig erkannte Krankheiten sind leichter zu behandeln. Daher bietet das Bundesministerium für Gesundheit allen gesetzlich versicherten Personen im Alter von 18 bis 34 Jahren eine jährliche Gesundheitsuntersuchung an. Dazu gehören eine einfach Anamnese, eine körperliche Untersuchung, eine Blutuntersuchung sowie eine Beratung über die Ergebnisse. Fallen Sie nicht in diese Personengruppe, könnten Sie dennoch Anspruch auf eine kostenlose Untersuchung haben. Für individuelle Beratung und bei Fragen können Sie sich an das Bürgertelefon zur gesundheitlichen Prävention unter der Nummer 030 340 60 66 wenden.

Sprachbausteine Teil 1

Lesen Sie den folgenden Text und entscheiden Sie, welches Wort (a, b oder c) in die jeweilige Lücke passt. Markieren Sie Ihre Lösungen auf dem Antwortbogen bei den Aufgaben 21–30.

Lieber Arnold,

wie versprochen, sende ich dir einen Bericht über meine Ankunft in Deutschland. Ich bin __21__ heute vor einer Woche in Berlin gelandet. Schon in der Ankunftshalle war mir klar: Ich mag Deutschland. Selbst der Flughafen fühlt sich ganz anders an als __22__ meiner Heimat. Ich wurde mit anderen Schülern von einem Mitarbeiter der Universität abgeholt. Mit __23__ VW-Bus ging es dann in Richtung Stadt.

Die anderen Schüler sprachen in vielen verschiedenen Sprachen __24__ miteinander. Du kannst dir vorstellen, dass das alles zu viel für mich war. Ich habe lieber die Umgebung aufgesaugt und überlegt, __25__ ich mir als erstes ansehen möchte.

Bei der Uni angekommen, wurden uns Zimmer im Studentenwohnheim zugeteilt. Mein Mitbewohner kommt aus Neuseeland. Mein Mitbewohner kann auch sehr gut Deutsch. Er war schon einen Tag zuvor angekommen und zeigte __26__ das Wohnheim. Danach haben wir uns auf die Suche nach etwas Essbarem gemacht. Die Uni liegt ganz in der Nähe __27__ Potsdamer Platzes. Wir sind einige Zeit durch die Gassen gewandert, aber da alles noch etwas ungewohnt war, sind wir schlussendlich zu einem Fastfood-Restaurant im Shoppingcenter gegangen.

Inzwischen habe ich natürlich schon mehr Essen gekostet und ich finde mich besser zurecht in der Stadt. Langsam gewöhne ich mich auch an das viele Deutsch. Der Kurs hat am Montag begonnen und ich habe viele neue Freunde kennengelernt. __28__ kenne ich zwar keinen Deutschen, aber am Wochenende gehen ich und mein Mitbewohner zu einem Sprachaustausch-Treffen. Ich freue __29__ schon!

__30__ von dir hören!

Liebe Grüße

Laurenz

21	a genau b jetzt c gerade	24	a aufgeregt b aufregend c aufzuregend	27	a von b des c dem	30	a Lasse b Lass c Lassen
22	a von b in c aus	25	a das b wo c was	28	a Aber b Noch c Schon		
23	a einen kleinen b den kleinen c einem kleinen	26	a mir b mich c sich	29	a mich b für mich c mir		

Sprachbausteine Teil 2

Lesen Sie den folgenden Text und entscheiden Sie, welches Wort aus dem Kasten (a–o) in die Lücken 31–40 passt. Sie können jedes Wort im Kasten nur einmal verwenden. Nicht alle Wörter passen in den Text. Markieren Sie Ihre Lösungen auf dem Antwortbogen bei den Aufgaben 31–40.

Die Inflationsrate steigt und steigt und steigt…

Die Verbrauchskosten sind im April __31__ angestiegen, vor allem für Energie müssen die Konsumenten __32__ in die Tasche greifen. Dadurch steigen auch die Kosten __33__ Waren und Dienstleistungen. Im Schnitt kosten diese etwa 6 Prozent mehr als im Jahr zuvor.

Im März ist die Inflationsrate __34__ 7,3 Prozent gestiegen. Dies teilte das Statistische Bundesamt in einer ersten Schätzung am Freitag mit. Im Februar war die Inflationsrate zwar hoch, aber dennoch deutlich niedriger __35__ 5,1 Prozent.

„Eine so hohe Inflationsrate gab es in Europa schon lange nicht mehr", kommentierte ein LBBW-Ökonom die Entwicklung. „Eine so hohe Inflation bringt viele Bürger in Existenznot." Es müsse etwas getan werden, um die Inflation zu stoppen, „ansonsten haben wir bald mehr Armut als __36__ der Wiedervereinigung".

Experten halten es für möglich, dass die Inflationsrate weiterhin steigt. – Dies wäre eine Katastrophe. Die Einkommen können mit der Teuerung nicht mehr Schritt __37__ . Die Gehälter sind im Durchschnitt um 3,6 Prozent gestiegen, aber die Lebenshaltungskosten erhöhten sich um 7,3 Prozent.

Doch Volkswirte rechnen nicht mit einer Entspannung der Situation. In nächster Zeit könne die Inflation aufgrund der hohen Energiepreise __38__ ansteigen. Dies betrifft auch die Bevölkerung. Jeder Zweite ist wegen der steigenden Preise für Waren und Dienstleistungen besorgt. Und mehr als 60 Prozent wünschen __39__ mehr Unterstützung vom Staat.

Ökonomen raten von populistischen Hilfen für alle __40__ , da diese die Inflation noch verschlimmern könnten, und das Geldvermögen könnte etwa zehn Prozent realen Wert verlieren. Gefragt sei eine gezielte Politik mit präzisen Hilfen, die den ärmsten Menschen hilft über die Runden zu kommen.

a auf	**d** zu	**g** tief	**j** machen	**m** für
b weiterhin	**e** stark	**h** halten	**k** mit	**n** von
c um	**f** sehr	**i** nach	**l** ab	**o** sich

Hörverstehen Teil 1

 듣기 시험 음성 QR
재생시간은 듣기시험 전체 재생시간과 동일하며, 중단 없이 들으면서 동시에 문제를 풀어야 합니다.

Sie hören nun eine Nachrichtensendung. Dazu sollen Sie fünf Aufgaben lösen.
Sie hören die Nachrichtensendung nur einmal.

Entscheiden Sie beim Hören, ob die Aussagen 41–45 richtig oder falsch sind.
Markieren Sie Ihre Lösungen auf dem Antwortbogen bei den Aufgaben 41–45.
Markieren Sie PLUS (+) gleich richtig und MINUS (–) gleich falsch auf dem Antwortbogen.

Lesen Sie jetzt die Aufgaben 41–45. Sie haben dazu 30 Sekunden Zeit.

41 Die Bürger in Zürich möchten, dass die Polizisten keine Körperkameras tragen.

42 Der Brand brach aus, weil jemand ein Kabel angezündet hat.

43 Deutschland ist gut gegen einen Cyber-Angriff jeder Art geschützt.

44 Rückenschmerzen kommen immer von einer schlechten Haltung.

45 Auf dem Festival werden neben Konzerten auch Workshops veranstaltet.

Hörverstehen Teil 2

Sie hören ein Rundfunk-Interview. Dazu sollen Sie zehn Aufgaben lösen.
Sie hören dieses Interview nur einmal.

Entscheiden Sie beim Hören, ob die Aussagen 46–55 richtig oder falsch sind.
Markieren Sie Ihre Lösungen auf dem Antwortbogen bei den Aufgaben 46–55.
Markieren Sie PLUS (+) gleich richtig und MINUS (–) gleich falsch auf dem Antwortbogen.

Lesen Sie jetzt die Aufgaben 46–55. Sie haben dazu 60 Sekunden Zeit.

46   Derzeit schwimmt noch niemand in der Nordsee, weil es noch zu kalt ist.

47   Es gibt einen berühmten Wanderweg entlang der Küste.

48   Auch Familien mit kleinen Kindern wird dieser Weg wärmstens empfohlen.

49   An der Nordseeküste lebten früher viele Wikinger.

50   Die originalen Hütten gibt es zwar nicht mehr, aber im Museum kann man Nachbildungen sehen.

51   Husum ist die graue Stadt am Meer, weil alle Häuser weiß und grau sind.

52   Das Wetter an der Nordsee ist im Winter wechselhafter als im Sommer.

53   Durch die Gezeiten ist das Wattenmeer nur an der Nordseeküste entstanden.

54   Das Watt wird dreimal am Tag von Wasser überflutet.

55   „Schnacken" ist ein Spiel aus dem Norden, das oft stundenlang dauert.

Hörverstehen Teil 3

Sie hören jetzt fünf kurze Texte. Dazu sollen Sie fünf Aufgaben lösen.
Sie hören diese Ansagen nur einmal.

Entscheiden Sie beim Hören, ob die Aussagen 56–60 richtig oder falsch sind.
Markieren Sie Ihre Lösungen auf dem Antwortbogen bei den Aufgaben 56–60.
Markieren Sie PLUS (+) gleich richtig und MINUS (–) gleich falsch auf dem Antwortbogen.

56 In Kulmbach gibt es eine italienische Ferrari-Show mit Essen und Musik.

57 Man muss die Nummer 4 drücken, wenn man Probleme mit einem Gerät hat.

58 Durch Weiden gibt es derzeit keine Pollenbelastung in Duisburg.

59 Juden wurden von 1941 bis 1942 aus Österreich, Deutschland und Kroatien nach Riga vertrieben.

60 Die Messe in Kiel ist nicht nur für Menschen, die selbst ein umweltfreundliches Haus bauen wollen.

Schriftlicher Ausdruck

Wählen Sie zuerst zwischen **Aufgabe A** und **Aufgabe B.**

Entscheiden Sie schnell, denn die zur Verfügung stehende Zeit ist begrenzt auf 30 Minuten!

Aufgabe A: **Bitte um Informationen**

oder:

Aufgabe B: **Beschwerde**

Die Aufgaben finden Sie auf den Seiten 77 und 78.

Übertragen Sie diese Nummer auf den
Antwortbogen S30, S. 5:

| 0 | 0 | 0 | 0 | 0 | 0 |

Testversion

**Wenn Sie diese Nummer nicht übertragen,
wird Ihre Prüfung nicht ausgewertet.**

Schriftlicher Ausdruck, Aufgabe A

In der Zeitung lesen Sie folgende Anzeige:

Langsames Internet? Zu hohe Kosten?
Wechseln Sie jetzt zu Connect!

Connect hat immer das beste Netz ohne Bindung. Telefonieren, Internet und Fernsehen mit voller Kostenkontrolle und bestem Service. Telefonieren und surfen Sie unbegrenzt für nur 15 Euro im Monat, ganz ohne Vertragsbindung.
Wenn Sie sich sofort anmelden, schenken wir Ihnen auch die Aktivierungsgebühr.

Das steckt drin:
- Telefonie: unbegrenzte Minuten
- Internet: 30 mbit/s Download, unbegrenztes Volumen
- Fernsehen: gratis Abo ConnectTV

Warum wir besser sind:
- keine Vertragsbindung
- einfache Online-Anmeldung
- bestes Netz Deutschlands*

*Laut Umfrage von Connect GmbH, 2022

Sie möchten Ihren Handytarif wechseln und haben noch Fragen. Sie reisen oft und brauchen Ihr Handy auch auf den Reisen. Bitten Sie in einem Schreiben an die Connect GmbH um mehr Informationen.

Behandeln Sie darin entweder
a) drei der folgenden Punkte
oder
b) zwei der folgenden Punkte und einen weiteren Aspekt Ihrer Wahl.

- Legen Sie dar, wie oft Sie im Ausland sind und wie oft Sie Ihr Handy benutzen.
- Beschreiben Sie Ihre Pläne für zukünftige Reisen.
- Erläutern Sie, welche Leistungen Sie sich wünschen.
- Stellen Sie weitere Fragen zu den Leistungen.

Überlegen Sie sich vor dem Schreiben eine passende Reihenfolge der Punkte, einen passenden Betreff, eine passende Anrede, Einleitung und einen passenden Schluss.

Schreiben Sie mindestens 150 Wörter.

Übertragen Sie diese Nummer auf den Antwortbogen S30, S. 5:

0 0 0 0 0 0

Testversion

Wenn Sie diese Nummer nicht übertragen, wird Ihre Prüfung nicht ausgewertet.

Schriftlicher Ausdruck, Aufgabe B

In der Zeitung lesen Sie folgende Anzeige:

Wanderreise Schweizer Alpen
Wanderspaß für alle!

Erkunden Sie die beliebtesten Wanderrouten der Alpen mit einem unserer erfahrenen Bergsteiger. Genießen Sie nicht nur die besten Ausblicke, die die Schweiz zu bieten hat, lernen Sie auch alles über die besondere Flora und Fauna der Alpen. Übernachten Sie im Schlafsack in kuscheligen Berghütten und lauschen Sie, wie die Natur mit der Sonne erwacht.

5-Tages-Tour inkl. Übernachtung: € 380,-
Ausrüstung und Verpflegung exkl.

Mehr Infos unter: wanderlust.ch
Kontakt: info@wanderlust.ch

Sie haben die 5-Tages-Tour durch die Schweizer Alpen gemacht. Leider waren Sie überhaupt nicht zufrieden. Schreiben Sie eine Beschwerde an den Reiseveranstalter.

Behandeln Sie darin entweder
a) drei der folgenden Punkte
oder
b) zwei der folgenden Punkte und einen weiteren Aspekt Ihrer Wahl.

- Erklären Sie, was Sie nun vom Veranstalter erwarten.
- Beschreiben Sie Ihre Erwartungen nach der Lektüre der Werbeanzeige.
- Legen Sie dar, was Sie auf der Wanderung erlebt haben.
- Beschreiben Sie, was Sie tun, falls Sie keine Antwort bekommen.

Überlegen Sie sich vor dem Schreiben eine passende Reihenfolge der Punkte, einen passenden Betreff, eine passende Anrede, Einleitung und einen passenden Schluss.

Schreiben Sie mindestens 150 Wörter.

Mündlicher Ausdruck

Teilnehmer/in A/B/(C)

Einander kennenlernen

Stellen Sie sich Ihrer Partnerin/Ihrem Partner vor. Sie können z. B. darüber sprechen, warum Sie Deutsch lernen, welche Interessen oder Hobbys Sie haben oder wie Sie sich auf die Prüfung vorbereitet haben usw.

Dieser Teil der Prüfung wird nicht bewertet.

Teilnehmer/in A/B/(C)

Teil 1 Über Erfahrungen sprechen

Sie sollen Ihrer Partnerin bzw. Ihrem Partner über Ihre Erfahrungen zu einem der folgenden Themen berichten. Die Stichpunkte in den Klammern können als Anregung dienen. Sie haben dazu ca. 1 ½ Minuten Zeit. Im Anschluss sollen Sie die Fragen Ihrer Partnerin bzw. Ihres Partners beantworten.

Danach spricht Ihre Partnerin bzw. Ihr Partner ebenfalls über ihr bzw. sein Thema. Folgen Sie aufmerksam dem Redebeitrag und überlegen Sie sich Fragen, die Sie ihr/ihm stellen könnten. Unterbrechen Sie sie/ihn nicht. Stellen Sie einige Fragen zum Thema, wenn sie/er ihren/seinen Redebeitrag beendet hat.

Themen zur Auswahl:

- Ein Buch, das Sie gelesen haben (Thema, Autor, Ihre Meinung usw.)

- Einen Film, den Sie gesehen haben (Thema und Handlung, Schauspieler, Ihre Meinung usw.)

- Eine Reise, die Sie unternommen haben (Ziel, Zeit, Land und Leute, Sehenswürdigkeiten usw.)

- Eine Musikveranstaltung, die Sie besucht haben (Musikrichtung, Musiker, Ort, persönliche Vorlieben usw.)

- Ein Sportereignis, das Sie besucht haben (Sportart, Ort, Personen, Ergebnis usw.)

- Eine Person, die in Ihrem Leben wichtig war (wer, wann, warum wichtig usw.)

- Eine wichtige Erfahrung, die Sie in Ihrem Leben gemacht haben (was, wann, wo, mit wem, warum wichtig usw.)

Teilnehmer/in A/B/(C)

Teil 2 Diskussion

Lesen Sie folgenden Text. Diskutieren Sie mit Ihrer Partnerin bzw. Ihrem Partner über den Inhalt des Textes, bringen Sie Ihre Erfahrungen ein und äußern Sie Ihre Meinung. Begründen Sie Ihre Argumente. Sprechen Sie über mögliche Lösungen.

Pendler leiden unter dem Wohnungsmangel

Neue Homeoffice-Regelungen sollen für weniger Belastung sorgen.

Die Zahl der Berufspendler ist in den letzten Jahren in Deutschland deutlich gestiegen. Wohnungsmangel und hohe Wohnungspreise in Städten begünstigen diese Entwicklungen. Derzeit haben mehr als zehn Prozent ihren Wohnsitz in einem anderen Bundesland als ihren Arbeitsplatz. Dies ist nicht nur anstrengend für Arbeitnehmer, es belastet auch die Umwelt und gefährdet sogar Menschenleben. Vor allem zieht es die Arbeitnehmer in Bundesländer, in denen sie mehr verdienen können, wie Baden-Württemberg, Bayern, Berlin, Hamburg und Hessen.

In genau diesen Bundesländern sind aber die Wohnungspreise vor allem in den Städten sehr hoch und es herrscht ein Mangel an leistbaren Wohnungen und Häusern. Allerdings sind Wohnbauprojekte und auch das Leben in der Stadt teuer, daher will der Bund diese Pendler nun mit einer neuen Homeoffice-Verordnung unterstützen. Die geplante Verordnung verlangt, dass Arbeitnehmer, deren Arbeitsweg mehr als eine Stunde dauert, mindestens einen Tag in der Woche im Homeoffice arbeiten dürfen.

Ein Tag im Homeoffice kann zwar eine Erleichterung für manche Arbeitnehmer bringen, aber es löst das Problem der zu teuren Miet- und Kaufpreise für Wohnräume nicht. Um die Pendlerzahlen zu reduzieren, müssen mehr geförderte Wohnungen und Häuser gebaut werden und es muss adäquater Wohnraum für Arbeitnehmer geschaffen werden.

Zudem sei der Schritt zum Homeoffice zwar ein Schritt in die richtige Richtung, aber ein Tag sei zu wenig, um das Umweltproblem, das Pendler mit sich bringen, zu lösen, argumentieren Umweltschützer. Eine Besserung der Belastung sehe man erst ab drei verpflichtenden Tagen im Homeoffice, so die Umweltorganisation Greenpeace. Mehr als die Hälfte der Arbeitszeit im Homeoffice zu verbringen, ist für viele Arbeitgeber aber nicht akzeptabel.

Bessere Zug- und Busverbindungen für Pendler sind auch ein wichtiger Punkt der Debatte. „Ich kann mir nicht vorstellen, nach der Arbeit noch eine Stunde oder länger mit dem Auto zu fahren. Das ist eine Gefährdung für alle Verkehrsteilnehmer", so der Pressesprecher der Verkehrspolizei. Übermüdung sei genauso gefährlich wie Alkohol am Steuer. Die Anzahl der Unfälle steige gemeinsam mit der Zahl der Berufspendler, daher sei es notwendig, Pendler auf öffentliche Verkehrsmittel umsteigen zu lassen.

Teilnehmer/in A/B/(C)

Teil 3 Gemeinsam etwas planen

Eine Gruppe von Senioren (60 Jahre und älter) möchte eine kulinarische Tour durch Deutschland, Österreich oder die Schweiz machen. Sie sollen dabei helfen, den Aufenthalt für die Senioren so angenehm wie möglich zu gestalten.

Überlegen Sie, welche Speisen und Orte für diese Altersgruppe interessant sein könnten. Machen Sie Ihrer Partnerin / Ihrem Partner Vorschläge. Entwickeln Sie dann gemeinsam einen Plan und ein Programm für die Reisegruppe.

Lösungen

Modelltest 1

정답 해설 듣기 지문

Leseverstehen

1 h	2 b	3 c	4 j	5 e
6 b	7 c	8 b	9 a	10 c
11 x	12 c	13 k	14 a	15 h
16 g	17 b	18 d	19 i	20 j

Sprachbausteine

21 b	22 a	23 b	24 c	25 a
26 c	27 a	28 b	29 a	30 c
31 j	32 e	33 l	34 h	35 n
36 b	37 g	38 c	39 f	40 m

Hörverstehen

41 +	42 +	43 −	44 −	45 −
46 −	47 +	48 +	49 −	50 −
51 +	52 +	53 −	54 −	55 +
56 −	57 +	58 +	59 −	60 −

Schriftlicher Ausdruck

Aufgabe A Beispielantwort

Betreff: Interesse an Cyber Shield

Sehr geehrte Damen und Herren,

ich habe in der Zeitung Ihre Anzeige für das Cyber Shield gelesen und war sofort interessiert, denn ich bin schon länger auf der Suche nach einem guten Schutz gegen Cyberattacken. Ich habe derzeit einen kleinen Online-Store und da ich alle Bestellungen und Sendungen über das Internet erledigen muss, bin ich fast den ganzen Tag im Netz. Außerdem möchte ich mein Geschäft vergrößern und einen oder zwei neue Mitarbeiter einstellen. Deshalb möchte ich gerne das Cyber Shield nutzen.
Allerdings sind noch einige Fragen offen, die geklärt werden müssen, bevor ich das Produkt bestelle. Erstens möchte ich gerne wissen, wie viel das Programm für ein kleines Unternehmen kostet. Gibt es auch einen Rabatt für Businesskunden?
Meine nächste Frage bezieht sich auf die wählbaren Extraleistungen. Kosten diese Leistungen extra oder kann man sie kostenlos wählen? Ich brauche einen Passwortmanager, aber die Gerätewartung interessiert mich nicht. Ich hätte lieber extra online Speicherplatz. Bieten Sie diese Leistung auch an?

Über eine rasche Antwort würde ich mich sehr freuen!

Mit freundlichen Grüßen
…

Aufgabe B Beispielantwort

Betreff: Kostenrückerstattungsanfrage aufgrund falscher Werbung

Sehr geehrte Damen und Herren,

ich habe diesen Sommer den Crashkurs Deutsch für Studienanfänger bei Ihnen besucht. Leider war ich sehr von dem Programm der Deutschschule enttäuscht. Nachdem ich die Anzeige gelesen hatte, dachte ich, dies sei der perfekte Kurs, um alles zu lernen, was ich für den Studienanfang noch brauche.
Allerdings wurde im Kurs nur Grammatik unterrichtet und ich konnte mich mit dem Kurs nicht auf das Studium vorbereiten. Außerdem waren mehr als 30 Schüler in der Klasse, daher konnte man kaum Fragen stellen und sprechen üben. Weil meine größte Schwäche das Sprechen ist, war das sehr enttäuschend.
Da ich nichts über den Studienanfang lernen konnte, muss ich nun immer meine Kollegen um Hilfe bitten, was nicht nur für mich ärgerlich ist. Aus diesem Grund bitte ich Sie, mir die Kosten für den Kurs zurückzuerstatten. Falls Sie nicht innerhalb einer Woche auf meine E-Mail antworten, werden ich meinen Anwalt einschalten.

Ich erwarte Ihre Antwort bezüglich einer Entschädigung bis nächsten Freitag.

Mit freundlichen Grüßen
...

Mündlicher Ausdruck

Vor der Prüfung Beispielantwort

Prüfer/in

Willkommen bei der Mündlichen Prüfung. Mein Name ist Eberhard Pfaff, und das ist meine Kollegin Angelique Mohn. Die Mündliche Prüfung hat drei Teile. Bevor wir mit Teil 1 beginnen, stellen Sie sich doch kurz einander vor. Erzählen Sie etwas über sich, zum Beispiel über Ihre Interessen, Ihre Hobbys oder warum Sie Deutsch lernen. Sie können frei entscheiden, worüber Sie reden möchten. Herr/Frau (Teilnehmer/in A), möchten Sie anfangen?

Teilnehmer/in A

Ja, gerne. Hallo, mein Name ist (Teilnehmer/in A). Ich komme aus Ungarn und ich lerne seit zwei Jahren Deutsch. Ich bin nach Deutschland gezogen, weil mein Mann hier lebt. Ich interessiere mich sehr für Sprachen und ich spreche fünf Sprachen. Ich spreche sowohl Ungarisch, Englisch und Deutsch als auch Französisch und Italienisch. Außerdem lese ich gerne Bücher.

Teilnehmer/in B

Freut mich. Mein Name ist (Teilnehmer/in B) und ich komme aus Dänemark. Ich lerne Deutsch, um eine Arbeit in Deutschland zu finden. Ich mache gerne Sport. Zum Beispiel gehe ich gerne wandern und Rad fahren. In Deutschland gehe ich öfter wandern, weil die Berge sehr schön sind. Zuhause in Dänemark bin ich jeden Tag 20 Kilometer mit dem Rad gefahren.

Prüfer/in

Vielen Dank.

Teil 1 Beispielantwort

Prüfer/in

Beginnen wir nun mit Teil 1, „Über Erfahrungen sprechen". Dafür haben Sie ja schon etwas vorbereitet. Fangen Sie doch bitte an, Herr/Frau (Teilnehmer/in A), und sagen Sie uns, welches Thema Sie gewählt haben.

Teilnehmer/in A

Ich möchte gerne über ein Buch, das ich gelesen habe, sprechen. Letzte Woche habe ich endlich das Buch „die Taube" von Patrick Süskind zu Ende gelesen. Ich wollte schon immer einen deutschen Klassiker lesen, aber ich dachte, diese Bücher wären noch zu schwierig für mich. Vor einem Monat habe ich meine Lehrerin um eine Empfehlung gebeten und sie hat mir das Buch empfohlen.
Das Buch ist eine Novelle, daher ist es eher kurz. Die Geschichte ist einfach, aber sehr fesselnd. Sie handelt davon, wie das Leben eines Mannes aus der Bahn gerät, weil eine Taube vor seiner Tür sitzt. Durch diese kleine Veränderung passieren dem Mann sehr viele verschiedene Dinge. Ich habe richtig mit ihm mitgefühlt. Mir geht es oft ähnlich, wie dem Hauptcharakter. Wenn sich ein Ding in meinem Tagesablauf verändert, ist der ganze Tag sehr anstrengend und ich wünsche mir dann immer meine Ruhe zurück. Aber statt der Ruhe kommen immer mehr Probleme, genau wie bei Jonathan Noel.

Prüfer/in

Vielen Dank, Frau/Herr (Teilnehmer/in A). Würden Sie, Frau/Herr (Teilnehmer/in B), bitte Anschlussfragen zu dem Redebeitrag stellen?

Teilnehmer/in B

Wie endet die Geschichte?

Teilnehmer/in A

Das kann ich dir leider nicht verraten, aber du kannst das Buch selbst lesen. Es wird dich nicht enttäuschen. Wenn du möchtest, kann ich dir das Buch leihen.

Teilnehmer/in B

Okay, wie schwer war es, das Buch zu lesen?

Teilnehmer/in A

Es war schon etwas schwierig. Ich musste immer wieder Wörter im Wörterbuch nachschlagen, aber ich denke, es ist ein gutes Buch für das B2 Niveau. Die Geschichte ist auch gut für Erwachsene.

Prüfer/in

Danke, und nun bitten wir Sie, Frau/Herr (Teilnehmer/in B), um Ihren Redebeitrag. Nennen Sie uns doch Ihr Thema und fangen Sie bitte an.

Teilnehmer/in B

Mein Thema ist ein Film, den ich gesehen habe. Der Film heißt die Welle. Der Film ist schon etwas älter, aber er ist immer noch relevant. In dem Film geht es darum, zu zeigen, wie einfach es ist, eine nationalsozialistische Bewegung in die Welt zu rufen. Der Film basiert auf einem Experiment, das in den USA durchgeführt wurde. Der Klassenlehrer erzählt über den 2. Weltkrieg, aber die Schüler denken, dass so etwas nie wieder passieren kann, weil alle die Geschichte kennen. Der Lehrer beginnt ein Experiment und nennt die Bewegung „die Welle". Die Bewegung verbreitet sich schnell und bald hat der Lehrer das Experiment nicht mehr unter Kontrolle. Er versucht die Bewegung aufzulösen, aber es geht nicht leicht. Es gibt viele Probleme.
Ich finde den Film interessant, weil ich früher auch dachte, dass so etwas wie in Deutschland nicht mehr passieren kann. Aber der Film zeigt, wie gefährlich es ist. Ich denke, alle Deutschlernenden sollten den Film sehen.

Prüfer/in

Besten Dank. Frau/Herr (Teilnehmer/in B), nun stellen Sie doch Frau/ Herrn (Teilnehmer/in A) bitte weiterführende Fragen zu ihrem/seinem Beitrag.

Teilnehmer/in A

Wer hat dir diesen Film empfohlen?

Teilnehmer/in B

Eine deutsche Freundin von mir hat gesagt, ich solle mir den Film ansehen, nachdem ich sie gefragt hatte, wie das alles passieren konnte. Jetzt verstehe ich es besser, aber ich hoffe, dass so etwas nie wieder passiert.

Teilnehmer/in A

Oh, denkst du, es könnte auch in deiner Heimat passieren?

Teilnehmer/in B

Ich weiß nicht, ob es in Dänemark auch passieren kann. Ich denke, man muss auf alle Fälle vorsichtig sein und nie einfach etwas machen, nur weil jemand das sagt. Man sollte immer zuerst nachdenken.

Prüfer/in

Vielen Dank.

Teil 2 Beispielantwort

Prüfer/in

Nun kommen wir zur Diskussion. Hierfür haben Sie ja schon einen Text zu dem Thema „Mehr Frauen in Führungspositionen" gelesen. Würden Sie sich bitte zunächst zum Text äußern? Danach diskutieren Sie miteinander, wobei Sie auch Ihre eigenen Erfahrungen und Meinungen einbringen. Bitte sehr, Frau/ Herr (Teilnehmer/in B), fangen Sie an.

Teilnehmer/in B

In dem Text geht es um die Frage, ob eine Frauenquote den Gender-Pay-Gap schließen kann. Es wird behauptet, dass die Art der Arbeit der größte Faktor des Gender-Pay-Gaps ist und deswegen eine Frauenquote keinen Einfluss darauf hat. Allerdings wird erwähnt, dass Frauen in Führungspositionen die Arbeitsbedingungen für alle Frauen besser machen könnten. Es wird auch erwähnt, dass eine Frauenquote nicht unbedingt dabei hilft, Frauen gleichzustellen. Als letzter Punkt wird angeführt, dass durch eine Frauenquote ein alter Fehler korrigiert werden kann. Was denkst du darüber?

Teilnehmer/in A

Ich bin der Ansicht, dass eine Frauenquote vor allem für Führungspositionen eine gute Idee ist. Wie im Text schon erwähnt wird, kann man mit der Frauenquote einen Fehler korrigieren. Derzeit gibt es viele Männer in Führungspositionen und Männer stellen gerne wieder Männer ein. Durch eine Frauenquote kann dieses Problem beseitigt werden und die Frauen können für ein ausgeglichenes Arbeitsumfeld sorgen. Wie siehst du die Sache?

Teilnehmer/in B

Ich bezweifle, dass eine Frauenquote dieses Problem lösen kann. Ich bin der Meinung, dass viele Frauen aufgrund ihrer Kinder diese Möglichkeiten nicht nutzen werden. Daher denke ich, dass es wichtig ist, Familien bei der Kindererziehung zu unterstützen. Denn die meisten Frauen, die Zeit für eine Führungsposition haben, haben keine Kinder. Ich bin davon überzeugt, dass Frauen zu Führungspositionen aufsteigen können, wenn die Kindererziehung gerecht verteilt und vom Staat unterstützt wird.

Teilnehmer/in A

Ich verstehe, was du meinst. Aber ich kann dir leider nicht zustimmen. Natürlich ist es auch wichtig, die Aufgaben der Kindererziehung besser zu verteilen. Aber dadurch werden sich die Ansichten von Männern nicht ändern. In meinem Heimatland gibt es Firmen, die Frauen nicht einstellen, weil sie denken, dass alle Frauen zuhause bei den Kindern bleiben sollen. Frauen müssen sich auch um alte oder kranke Familienmitglieder kümmern. Ohne eine Frauenquote wird sich in diesen Unternehmen nichts ändern.

Teilnehmer/in B

In diesem Punkt hast du vielleicht recht. Aber solche Männer werden Frauen, die durch eine Frauenquote ihren Job bekommen haben, diskriminieren. Ich bin skeptisch, ob eine Frauenquote für solche Fälle eine gute Lösung ist. Ich denke, es ist wichtig, dass Männer lernen, Frauen zu schätzen und zu respektieren. Ich kenne auch Männer, die denken, dass eine Frauenquote eine Diskriminierung gegen sie sei.

Teilnehmer/in A

Ja, das habe ich auch schon erlebt. Überraschenderweise sind es viele junge

Männer, die sich durch Frauen bedroht fühlen. Ich denke, die wirtschaftliche Lage ist derzeit nicht sehr gut, daher kann eine Frauenquote diese Ängste und Vorurteile verstärken. Dennoch bin ich davon überzeugt, dass eine Frauenquote zur richtigen Zeit helfen kann.

Teilnehmer/in B

Was du sagst, könnte stimmen. Aber meiner Meinung nach ist es wichtig, dass Frauen in der Arbeitswelt respektiert werden, und ich finde, dass eine Frauenquote den Respekt nicht fördert.

Teilnehmer/in A

Da hast du völlig recht. Der gegenseitige Respekt ist sehr wichtig. Das ist auch sehr wichtig, um ein gutes Arbeitsklima zu schaffen. Wenn sich alle gegenseitig respektieren, arbeiten Frauen bestimmt auch gerne in der Firma und möchten aufsteigen.

Teilnehmer/in B

Ja, du hast recht. Ich denke, die Regierung sollte einen Kurs für Männer und Frauen über Gleichberechtigung organisieren und ihn verpflichtend für alle Arbeitgeber und Arbeitnehmer machen.

Teilnehmer/in A

Das klingt hervorragend!

Prüfer/in

Vielen Dank.

Teil 3 Beispielantwort

Prüfer/in

Nun machen wir weiter mit Teil 3. Sie sollen gemeinsam etwas planen. Das Aufgabenblatt dazu kennen Sie ja schon. Fangen Sie doch bitte an, Frau/Herr (Teilnehmer/in A), und sagen Sie, welche Vorschläge Sie haben.

Teilnehmer/in A

Also, wie du weißt, müssen wir eine Reise für eine Jugendgruppe in eine Stadt planen. Ich denke, wir sollten eine Reise nach Berlin organisieren. Berlin ist sehr international und es gibt viel zu sehen. Da die Gruppe nicht viel Geld hat, können wir eine Unterkunft in einer Jugendherberge suchen. Was hältst du davon?

Teilnehmer/in B

Also ich denke, dass München besser für eine Jugendgruppe ist. Da Berlin vor allem in der Nacht für Jugendliche gefährlich sein kann. Auch in München gibt es viel zu sehen und Jugendherbergen gibt es bestimmt auch.

Teilnehmer/in A

Ich denke auch, dass München eine sehr schöne Stadt ist, allerdings ist sie auch sehr teuer. Wenn wir Geld sparen möchten, ist Berlin die bessere Wahl. Die Gruppe ist nicht sehr groß, deshalb können wir sie am Abend auch begleiten.

Teilnehmer/in B

Du hast recht. München ist wirklich sehr teuer. Was sollen wir denn in Berlin mit der Gruppe machen?

Teilnehmer/in A

Also, ich denke, dass wir uns auf alle Fälle die Berliner Mauer und das Brandenburger Tor ansehen sollten. Diese Sehenswürdigkeiten können wir uns kostenlos ansehen und es sind die Wahrzeichen der Stadt.

Teilnehmer/in B

Da stimme ich dir voll und ganz zu. Ich denke auch, dass wir uns das Filmmuseum am Potsdamer Platz ansehen sollten. Vielleicht gibt es auch einen Rabatt für Schüler. Was hältst du davon?

Teilnehmer/in A

Ja, das ist eine ausgezeichnete Idee. Das können wir gut mit dem Brandenburger Tor verbinden und der Potsdamer Platz ist auch ein wichtiger Ort. Wie wäre es, wenn wir von dort durch die Stadt zum Alexanderplatz spazieren?

Teilnehmer/in B

Ist das nicht etwas weit?

Teilnehmer/in A

Wir können in der Innenstadt zu Mittag essen und dann weiter gehen. Es dauert nur etwa eine Stunde. Ich denke, das ist kein Problem für die Jugendlichen.

Teilnehmer/in B

Das ist eine gute Idee. Ich habe eine Freundin, die in der Innenstadt ein Restaurant hat. Ich rufe sie einmal an und frage, ob wir dort essen können. Vielleicht macht sie uns einen guten Preis.

Teilnehmer/in A

Das ist eine gute Idee. Ruf sie dann bitte an. Am nächsten Tag können wir in den Osten von Berlin fahren und uns die Mauer ansehen.

Teilnehmer/in B

Das ist eine gute Idee. Sollen wir dann eine Unterkunft im Osten suchen?

Teilnehmer/in A

Ich denke, wir sollten in der Nacht in der Innenstadt bleiben, wenn es möglich ist. Die älteren Jugendlichen möchten vielleicht auch nach draußen gehen. Am besten begleiten wir sie, wenn sie in der Nacht nach draußen gehen.

Teilnehmer/in B

Du hast recht. Bleiben wir in der Innenstadt. Es wird auch hier eine günstige Unterkunft geben. Kannst du eine Unterkunft heraussuchen?

Teilnehmer/in A

Ja, kann ich machen. Kein Problem. Wie kommen die Jugendlichen eigentlich nach Berlin?

Teilnehmer/in B

Mit dem Zug oder dem Bus. Ich denke, dass der Bus günstiger ist. Ich erkundige mich am besten einmal bei der Busfirma. Passt es, wenn sie um 10 Uhr ankommen?

Teilnehmer/in A

Ja, das ist eine gute Idee. Also, das Programm sieht wie folgt aus: Am Samstag um 10 Uhr kommen die Jugendlichen mit dem Bus in Berlin an und wir gehen vom Brandenburger Tor zum Potsdamer Platz. Dort besuchen wir ein Museum und spazieren dann durch die Innenstadt zum Alexanderplatz. Dazwischen machen wir eine Mittagspause im Restaurant deiner Freundin. Am Nachmittag besichtigen wir den Alexanderplatz und...
Was machen wir danach?

Teilnehmer/in B

Dort in der Nähe gibt es viele Geschäfte und Cafés. Wie wäre es, wenn wir den Jugendlichen ein bisschen Freizeit geben? Und um 6 Uhr versammeln wir uns wieder, um in die Unterkunft zu fahren. In der wir auch zu Abend essen können.

Teilnehmer/in A

Das klingt sehr gut. Vielleicht kann einer von uns bei den Jüngsten bleiben, damit sie sich nicht verlaufen.

Teilnehmer/in B

Gut, das kann ich gerne machen.

Teilnehmer/in A

Ausgezeichnet. Am Sonntag fahren wir dann in den Osten Berlins und sehen uns die Mauer an. Nach einem Mittagessen sollten die Jugendlichen dann auch wieder fahren, oder?

Teilnehmer/in B

Ja, das sehe ich auch so. Dann rufe ich bei meiner Freundin und der Busfirma an. Kannst du die Unterkunft und das Mittagessen am Sonntag klären?

Teilnehmer/in A

Ja, du kannst dich auf mich verlassen.

Teilnehmer/in B

Gut, bis dann.

Prüfer/in

Vielen Dank. Die Prüfung ist beendet. Das Ergebnis wird Ihnen in wenigen Wochen mitgeteilt.

Modelltest 2

정답 해설   듣기 지문

Leseverstehen

1 b	2 d	3 g	4 a	5 h
6 c	7 a	8 b	9 c	10 a
11 f	12 i	13 b	14 x	15 a
16 l	17 h	18 k	19 c	20 e

Sprachbausteine

21 b	22 c	23 c	24 a	25 c
26 a	27 b	28 a	29 c	30 b
31 h	32 m	33 f	34 d	35 o
36 a	37 i	38 c	39 n	40 k

Hörverstehen

41 −	42 +	43 −	44 +	45 −
46 +	47 −	48 −	49 +	50 +
51 +	52 −	53 +	54 +	55 −
56 −	57 +	58 +	59 −	60 +

Schriftlicher Ausdruck

Aufgabe A Beispielantwort

Betreff: Bitte um mehr Informationen über Reiseversicherung

Sehr geehrte Damen und Herren,

mit großem Interesse habe ich die Anzeige für Ihre Reiseversicherung gelesen. Ihr Angebot hat mein Interesse geweckt, weil ich schon lange auf der Suche nach einer Reiseversicherung für meine nächste Reise bin.
Allerdings sind für mich noch einige Fragen offen geblieben. Als Erstes interessiert mich, wie Reisen in Risikogebiete bei Ihnen versichert werden. Mir ist klar, dass Versicherungen für Risikogebiete etwas teurer sind, aber da meine nächste Reise in den Regenwald geht, brauche ich eine gute Versicherung.
Zudem interessiert mich, ob es einen Rabatt für Dauerkunden gibt. Da ich sehr oft reise, könnte dies die beste Option für mich sein. Meine nächste Frage bezieht sich auf die Bezahlung. Kann man den Beitrag auch in Raten bezahlen? Als Letztes würde ich noch gerne wissen, ob Ihr mehrsprachiges Servicepersonal auch telefonisch erreichbar ist.

Ich würde mich sehr freuen, wenn Sie mir meine Fragen beantworten und mir weitere Informationen über das Angebot schicken könnten. Sie können mich auch telefonisch unter der Nummer 01 2345 6789 erreichen.

Vielen Dank im Voraus.

Mit freundlichen Grüßen
…

Aufgabe B Beispielantwort

Beschwerde über Berufs- und Kontaktmesse Connectiva

Sehr geehrte Damen und Herren,

hiermit möchte ich mich über den Ablauf der Berufs- und Kontaktmesse Connectiva beschweren. Als ich vor einigen Wochen Ihre Anzeige gesehen habe, war ich sofort begeistert. Denn ich bin Student und suche derzeit einen Nebenjob. Deshalb habe ich mir sofort ein Ticket gekauft und ein Zugticket reserviert und bin am vergangenen Wochenende zur Berufs- und Kontaktmesse Connectiva gefahren.
Wie Sie in der Anzeige erwähnt haben, habe ich erwartet, dass ich viele Personaler/innen aus verschiedensten Bereichen kennenlernen kann. Leider entsprach die Realität nicht meinen Erwartungen. Ich konnte nicht nur niemanden kennenlernen, es waren auch nur sehr kleine Firmen vertreten. Kein Unternehmen hatte mehr als 30 Angestellte. Es gab auch keine Stellenausschreibungen.
Aus den oben genannten Gründen erwarte ich, dass Sie mir den Ticketpreis in voller Höhe zurückzahlen und einen Teil des Geldes für das Zugticket zurückerstatten. Falls Sie meiner Forderung nicht bis Freitag nachkommen, werde ich eine schlechte Bewertung hinterlassen.

Für eine schnelle Antwort wäre ich Ihnen sehr dankbar.

Mit freundlichen Grüßen
...

Mündlicher Ausdruck

Vor der Prüfung Beispielantwort

Prüfer/in

Willkommen bei der Mündlichen Prüfung. Mein Name ist Traude Höfl, und das ist meine Kollegin Marion Heigl. Die Mündliche Prüfung hat drei Teile. Bevor wir mit Teil 1 beginnen, stellen Sie sich doch kurz einander vor. Erzählen Sie etwas über sich, zum Beispiel über Ihre Interessen, Ihre Hobbys oder warum Sie Deutsch lernen. Sie können frei entscheiden, worüber Sie reden möchten. Herr/Frau (Teilnehmer/in A), möchten Sie anfangen?

Teilnehmer/in A

Hallo, mein Name ist (Teilnehmer/in A). Ich komme aus Tiflis in Georgien. Ich lerne seit 4 Jahren Deutsch und lebe seit 6 Monaten mit meiner Frau in Deutschland. Wir wohnen in der Nähe von München. Ich arbeite in einer IT-Firma und bin sehr zufrieden mit meinem Job. Außerdem gehe ich gerne ins Kino oder etwas Leckeres essen. Freut mich.

Teilnehmer/in B

Freut mich ebenfalls. Ich heiße (Teilnehmer/in B) und ich komme aus dem Süden Südkoreas. Ich lerne seit dem Studium Deutsch, weil mein Hauptfach Deutsche Philologie ist. Derzeit mache ich ein Austauschsemester an der LMU München. Ich treffe mich gerne mit meinen Freunden und ich surfe gerne im Internet.

Prüfer/in

Vielen Dank.

Teil 1 Beispielantwort

Prüfer/in

Beginnen wir nun mit Teil 1, „Über Erfahrungen sprechen". Dafür haben Sie ja schon etwas vorbereitet. Fangen Sie doch bitte an, Herr/Frau (Teilnehmer/in A), und sagen Sie uns, welches Thema Sie gewählt haben.

Teilnehmer/in A

Okay, vielen Dank. Ich möchte heute über eine Reise sprechen, die ich letztes Jahr unternommen habe. Ich bin letztes Jahr das erste Mal nach Südamerika geflogen. Schon als ich ein Kind war, wollte ich einmal Machu Picchu sehen. Ich habe es einmal in einer Doku gesehen und nie mehr vergessen. Jahrelang habe ich nur davon gesprochen, aber weil es sehr teuer ist, konnte ich nicht hin. Meine Frau hat mir zu unserer Hochzeit versprochen, dass sie mir diesen Traum erfüllen wird, und an unserem ersten Hochzeitstag hat sie mir Flugtickets nach Peru gegeben. Auch den Zug nach Machu Picchu hatte sie schon gebucht. Nur zwei Wochen später saßen wir schon im Flieger. Machu Picchu war genauso traumhaft, wie ich es mir vorgestellt habe. Es war der schönste Urlaub meines Lebens.

Prüfer/in

Vielen Dank, Frau/Herr (Teilnehmer/in A). Würden Sie, Frau/Herr (Teilnehmer/in B), bitte Anschlussfragen zu dem Redebeitrag stellen?

Teilnehmer/in B

Was habt ihr euch noch in Peru angesehen?

Teilnehmer/in A

Sonst waren wir nur drei Tage in Lima, der Hauptstadt von Peru. Dort ist es auch sehr schön und es gibt viele weltklasse Restaurants und tolle Bars. Auch der Strand in Lima ist wunderschön.

Teilnehmer/in B

Das klingt lecker! Wo habt ihr übernachtet?

Teilnehmer/in A

Wir haben in Hotels geschlafen. Der Service in Peru ist wirklich toll. Wir mussten uns um nichts kümmern. Alles wurde für uns bereit gelegt. Im Hotel in Lima gab es sogar einen gratis Wäschedienst. Deshalb sind wir vom Urlaub mit sauberer Wäsche zurückgekommen.

Prüfer/in

Danke, und nun bitten wir Sie, Frau/Herr (Teilnehmer/in B), um Ihren Redebeitrag. Nennen Sie uns doch Ihr Thema und fangen Sie bitte an.

Teilnehmer/in B

Ich möchte über eine Musikveranstaltung, die ich besucht habe, sprechen. Ich bin schon seit meiner Kindheit ein großer K-Pop-Fan. K-Pop ist koreanische Popmusik. Die Bands singen nicht nur, sie tanzen auch sehr komplizierte Choreografien. In der Schule habe ich mit meinen Freunden immer die Choreografien meiner Lieblingsband nachgemacht. Ich bin auch oft zum Karaoke gegangen und habe dort meine Lieblingslieder gesungen. Aber ich konnte nie auf ein Konzert gehen, weil alle Konzerte nur in der Hauptstadt waren. Als ich in die Universität gekommen bin, bin ich in die Hauptstadt gezogen und dort auf dem Sommerfestival meiner Schule trat meine Lieblingsband auf. Ich wusste es vorher gar nicht und wollte fast nicht hingehen. Aber eine Freundin hat gesagt, ich kann doch nicht das Schulfest schon im ersten Semester verpassen. Ich bin dieser Freundin für ewig dankbar, dass sie mich zu dem Festival mitgenommen hat.

Prüfer/in

Besten Dank. Frau/Herr (Teilnehmer/in B), nun stellen Sie doch, Frau/Herrn (Teilnehmer/in A), bitte weiterführende Fragen zu ihrem/seinem Beitrag.

Teilnehmer/in A

Treten in deinem Heimatland oft bekannte Künstler auf Schulfesten auf?

Teilnehmer/in B

Ja, an den guten Universitäten treten oft sehr bekannte Künstler auf, aber sie singen meist nur drei bis vier Songs und dann sind sie immer ganz schnell wieder weg. Das ist zwar schade, aber ich habe mich trotzdem sehr gefreut.

Teilnehmer/in A

Hast du seitdem deine Lieblingsband wiedergesehen?

Teilnehmer/in B

Ja, ich konnte, kurz bevor ich nach Deutschland gekommen bin, noch auf ein richtiges Konzert gehen. Das Konzert war tausendmal besser als das Schulfest, aber das Schulfest war sehr unerwartet und mein erstes Livekonzert.

Prüfer/in

Vielen Dank.

Teil 2 Beispielantwort

Prüfer/in

Nun kommen wir zur Diskussion. Hierfür haben Sie ja schon einen Text zu dem Thema „Luftverschmutzung in der EU" gelesen. Würden Sie sich bitte zunächst zum Text äußern? Danach diskutieren Sie miteinander, wobei Sie auch Ihre eigenen Erfahrungen und Meinungen einbringen. Bitte sehr, Frau/ Herr (Teilnehmer/in B), fangen Sie an.

Teilnehmer/in B

Der Text beschreibt das Problem der Luftverschmutzung in der EU. In der EU werden gewisse Grenzwerte trotz Vorschriften überschritten und nun werden neue Verordnungen geplant. Daher wird die Frage, wie diese neuen Verordnungen wirken können, gestellt. Dazu werden verschiedene Argumente präsentiert. Erstens, die Überschreitungen der Grenzwerte werden nicht bestraft, daher haben sie keine Wirkung. Zweitens, in Osteuropa gibt es keine gute Alternative, um zu heizen. Daher braucht man zuerst Unterstützung, bevor man mehr Strafen braucht. Aber drittens, meint der Autor, dass härtere Strafen in reichen Ländern wichtig sind, damit sie mehr in Alternativen investieren. Was denkst du über den Artikel?

Teilnehmer/in A

Ja, ich denke, dass der Artikel sehr interessant ist. Ich komme aus Georgien und vor allem in der Hauptstadt ist die Luft besonders im Winter sehr schlecht. Draußen ist die Luft besser, aber wie in Osteuropa heizen viele Menschen mit einem Ofen. Daher ist die Luft drinnen sehr schlecht. Meine Frau hatte Asthma in Georgien, aber als wir nach Deutschland gekommen sind, ging es ihr sofort besser. Daher bin ich der Meinung, dass es in der EU keine strengeren Verordnungen geben muss. Wie ist deine Meinung dazu?

Teilnehmer/in B

In Südkorea gibt es auch sehr oft ganz schlechte Luft. Allerdings kommt die Luftverschmutzung nicht von Holzöfen, sondern von den Straßen, der Industrie und von China. In Deutschland habe ich noch nie schlechte Luft erlebt. Aber als ich eine Reise in den Osten von Europa gemacht habe, ist mir aufgefallen, dass es schwieriger war, zu atmen. Daher denke ich, dass Förderungen für Heizprojekte keine schlechte Idee sind. Wie siehst du die Sache?

Teilnehmer/in A

Ja, ich denke, dass solche Förderungen hilfreich sein können, um die Schadstoffe in der Luft zu reduzieren, und ich bin auch der Meinung, dass die Luftverschmutzung in allen Teilen der EU noch verbessert werden kann. Zwar merken wir Menschen die Veränderungen vielleicht nicht sofort, aber die Umwelt kann dadurch auch geschützt werden.

Teilnehmer/in B

Da stimme ich dir zu. Die Umwelt wird auch durch zu viele Schadstoffen belastet. Durch umweltfreundlichere Energiequellen und bessere Luftfilter bei Fabriken können die Schadstoffe reduziert werden. Ich denke aber nicht, dass harte Strafen bei der Überschreitung von Grenzen fair sind, weil manche Länder kein Geld für solche Projekte haben.

Teilnehmer/in A

Da kann ich dir nur teilweise zustimmen. Soweit ich das beurteilen kann, stimmt es zwar, dass manche Länder kein Geld haben, aber wie im Artikel bereits erwähnt wird, gibt es Länder, die reich genug sind, um niedrige Strafen einfach zu bezahlen. Der erste Versuch der EU hat nicht geklappt, daher habe ich das Gefühl, dass man etwas ändern muss.

Teilnehmer/in B

Was meinst du damit genau?

Teilnehmer/in A

Ich meine damit, wenn keine Strafen nicht geholfen haben, sollte man es mit hohen Strafen versuchen. Wenn das auch nicht wirkt, sollte man es vielleicht mit einem Bonus für gute Leistung versuchen.

Teilnehmer/in B

Deine Ansicht ist sehr interessant. Vielleicht kann man ja einen Versuch mit Strafen für Verschlechterungen und Boni für Verbesserungen versuchen. So können ärmere Länder im Endeffekt mehr Geld bekommen als reiche Länder.

Teilnehmer/in A

Da hast du recht. Ich denke, das wäre eine gute Lösung für die EU. Ich hoffe, man kann das auch in meinem Heimatland machen.

Teilnehmer/in B

Das hoffe ich auch.

Prüfer/in

Vielen Dank.

Teil 3 Beispielantwort

Prüfer/in

Nun machen wir weiter mit Teil 3. Sie sollen gemeinsam etwas planen. Das Aufgabenblatt dazu kennen Sie ja schon. Fangen Sie doch bitte an, Frau/Herr (Teilnehmer/in A), und sagen Sie, welche Vorschläge Sie haben.

Teilnehmer/in A

Also, wir müssen eine Reise für Studenten aus Georgien und Südkorea planen. Da die Studenten Deutsch lernen, ist Deutschland das beste Ziel für diese Gruppe. Da in Österreich und der Schweiz das Deutsch ein wenig anders ist, wird es für die Studenten leichter sein, sich in Deutschland zu verständigen. Was sagst du dazu?

Teilnehmer/in B

Ja, das habe ich mir auch gedacht. Ich denke auch, dass es für die Lernenden besser ist, nach Deutschland zu gehen. Obwohl es auch sehr interessant sein könnte, die Dialekte von anderen Gebieten kennenzulernen.

Teilnehmer/in A

Da hast du zwar recht, aber wenn wir den Studenten verschiedene Dialekte zeigen möchten, können wir das auch in Deutschland machen. Wir könnten, zum Beispiel, nach Bayern, ins Schwabenland und nach Norddeutschland fahren.

Teilnehmer/in B

Nach meinem Ermessen ist der Dialekt im Schwabenland etwas zu schwierig. Wie wäre es stattdessen mit der Hauptstadt?

Teilnehmer/in A

Ja, das klingt auch gut. Aber wir haben nur 5 Tage Zeit, geht sich das alles aus? Ich denke, es ist besser, wenn wir uns nur zwei Regionen ansehen.

Teilnehmer/in B

Hm, ja, da stimme ich dir zu. Wie wäre es mit Hamburg und München? So können wir den Studenten die Vielfalt von Deutschland am besten zeigen.

Teilnehmer/in A

Ja, das ist eine gute Idee. Dann beginnen wir die Reise in München, fahren mit dem Zug nach Hamburg und von dort können die Studenten wieder nach Hause reisen. Was können wir in München machen?

Teilnehmer/in B

Am ersten Tag könnten wir einen gemütlichen Spaziergang durch die Stadt machen und vielleicht in einem Trachtengeschäft traditionelle deutsche Kleidung anprobieren. Am nächsten Tag könnten wir einen Ausflug nach Neuschwanstein machen. Weil es in fast jedem Deutschbuch abgebildet ist, wird es die Studenten bestimmt interessieren.

Teilnehmer/in A

Ja, da muss ich dir zustimmen. Ich möchte das Schloss auch einmal sehen. Damit die Studierenden auch ein bisschen Deutsch sprechen können, wäre ein Treffen mit deutschen Studenten auch bestimmt lustig. Du studierst doch in München. Vielleicht kannst du ein Treffen organisieren?

Teilnehmer/in B

Ja, das kann ich machen! Ich werde einmal die Studentenvertretung fragen. Vielleicht können wir uns in meiner Uni treffen. Weißt du, wo die Studenten übernachten können?

Teilnehmer/in A

Meine Frau arbeitet in einem Hotel. Ich kann sie fragen, ob wir einen Rabatt bekommen. Ich kann auch gleich fragen, ob sie weiß, wie wir billige Bahntickets bekommen. Sie macht das oft für ihre Gäste.

Teilnehmer/in B

Oh, das ist aber nett von dir. Dann kümmere ich mich um die Unterkunft in Hamburg. Was können wir in Hamburg machen?

Teilnehmer/in A

In Hamburg müssen wir uns auf jeden Fall den Hafen ansehen. Auch die Reeperbahn ist interessant. Die Studenten haben bestimmt schon viel darüber gehört.

Teilnehmer/in B

Ja, da hast du bestimmt recht. Ich denke, wir sollten auch einen Stadtrundgang machen. Vielleicht können wir jemanden organisieren, der uns die Stadt zeigt. Ich war auch noch nie in Hamburg. Ich würde gerne mehr über die Stadt erfahren.

Teilnehmer/in A

Oh, das ist ein guter Plan. Dann können die Studenten auch gleich etwas Deutsch üben. Vielleicht lässt sich auch ein Treffen mit Studenten in Hamburg organisieren. Ein Freund von mir studiert dort. Ich rufe ihn morgen an.

Teilnehmer/in B

Okay, gut. Müssen wir noch etwas organisieren?

Teilnehmer/in A

Nein, ich denke, fürs Erste reicht das mal. Wenn wir alle Fragen geklärt haben, können wir uns ja wieder treffen.

Teilnehmer/in B

Ja, klar. Also, wir verbringen 2 Tage in München, dann fahren wir mit dem Zug nach Hamburg und bleiben dort bis zum Ende der Reise. Ich organisiere ein Treffen mit Studenten in München und du in Hamburg. Bei der Unterkunft machen wir es umgekehrt.

Teilnehmer/in A

Ja, so machen wir das. Bis dann.

Teilnehmer/in B

Bis dann.

Prüfer/in

Vielen Dank. Die Prüfung ist beendet. Das Ergebnis wird Ihnen in wenigen Wochen mitgeteilt.

Modelltest 3

정답 해설   듣기 지문

Leseverstehen

1 f	2 h	3 b	4 g	5 e
6 b	7 b	8 c	9 a	10 b
11 d	12 b	13 k	14 e	15 x
16 h	17 a	18 l	19 f	20 j

Sprachbausteine

21 a	22 b	23 c	24 a	25 c
26 a	27 b	28 b	29 a	30 b
31 e	32 g	33 n	34 a	35 k
36 i	37 h	38 b	39 o	40 l

Hörverstehen

41 +	42 −	43 −	44 −	45 +
46 −	47 +	48 −	49 +	50 +
51 −	52 +	53 +	54 −	55 −
56 −	57 +	58 −	59 +	60 +

Schriftlicher Ausdruck

Aufgabe A Beispielantwort

Betreff: Tarifwechsel zu Connect

Sehr geehrte Damen und Herren,

mit großem Interesse habe ich Ihre Anzeige im Bezug auf einen Tarifwechsel zu Connect gelesen. Ich würde gerne zu Connect wechseln, aber ich habe noch ein paar Fragen bezüglich des Angebots.
Ich reise oft ins Ausland für Geschäftsreisen und dort brauche ich mein Handy natürlich auch, vor allem für Anrufe, aber auch für das Internet. Daher möchte ich mich erkundigen, wie viel Telefonieren und mobile Daten im Ausland kosten. Meine nächste Reise geht nach Istanbul für 5 Tage. Dort werde ich viel telefonieren müssen, daher möchte ich die gratis Telefonie auch im Ausland nutzen. Ist das möglich?
Zudem wollte ich mich erkundigen, ob es eine Option für ein schnelleres Internet gibt. 30 mbits/s Download sind heutzutage nicht mehr sehr schnell. Ich hätte gerne eine Downloadrate von 100 mbits/s. In Ihrer Anzeige steht auch nichts über die Upload-Geschwindigkeit. Könnten Sie mich wissen lassen, wie schnell der Upload ist?

Ich freue mich auf Ihre Rückmeldung.

Mit freundlichen Grüßen
…

Aufgabe B Beispielantwort

Betreff: Beschwerde über Wanderspaß für alle

Sehr geehrte Damen und Herren,

hiermit möchte ich mich über die Wanderreise „Wanderspaß für alle" beschweren. Als ich Ihre Anzeige gelesen habe, wollte ich die Wanderung unbedingt machen und habe sofort die Tour gebucht und bin neue Ausrüstung kaufen gefahren. Wie in der Anzeige beschrieben, habe ich mich auf eine gemütliche Wanderung mit erfahrenen Bergsteigern gefreut. Da ich auch ein großes Interesse an Pflanzen habe, habe ich mich auf die Erklärungen der Bergführer gefreut. Doch leider entsprach die Realität nicht der Anzeige. Am ersten Wegstück gab es noch viele Blumen und Pflanzen, doch leider fehlte eine Erklärung. Als ich nachfragte, wurde ich angewiesen, es doch zu googeln. Zudem gab es immer weniger Pflanzen, je weiter wir ins Gebirge wanderten und weil der Internetempfang so schlecht war, konnte ich auch nicht mehr nach den Pflanzen suchen.
Aufgrund der oben genannten Mängel fordere ich, dass Sie mir einen Teil der Kosten zurückerstatten. Falls ich bis Montag keine Antwort bekomme, werde ich meinen Anwalt einschalten.

Ich hoffe, es lässt sich bald eine Lösung finden.

Mit freundlichen Grüßen
...

Mündlicher Ausdruck

Vor der Prüfung Beispielantwort

Prüfer/in

Willkommen bei der Mündlichen Prüfung. Mein Name ist Albert Friedrich, und das ist meine Kollegin Charlotte Schmitt. Die Mündliche Prüfung hat drei Teile. Bevor wir mit Teil 1 beginnen, stellen Sie sich doch kurz einander vor. Erzählen Sie etwas über sich, zum Beispiel über Ihre Interessen, Ihre Hobbys oder warum Sie Deutsch lernen. Sie können frei entscheiden, worüber Sie reden möchten. Herr/Frau (Teilnehmer/in A), möchten Sie anfangen?

Teilnehmer/in A

Guten Tag! Mein Name ist (Teilnehmer/in A) und ich komme aus Südafrika. Ich arbeite in einer internationalen Organisation in Wien. In der Arbeit spreche ich zwar nur Englisch, aber mir gefällt die deutsche Sprache sehr gut, deshalb lerne ich in meiner Freizeit fleißig. Ich übe auch oft mit meinen Freunden, aber sie bringen mir immer nur Sätze bei, die ich in der Prüfung nicht verwenden kann.

Teilnehmer/in B

Hallo. Das kenne ich auch. Mein Name ist (Teilnehmer/in B) und ich komme aus Kanada. Ich brauche Deutsch für mein Studium, deshalb lerne ich fast jeden Tag Deutsch. Ich studiere Komposition. Ich habe meinen Bachelor in Kanada gemacht. Für meinen Master bin ich nach Wien in die Stadt der Musik gekommen.

Prüfer/in

Vielen Dank.

Teil 1 Beispielantwort

Prüfer/in

Beginnen wir nun mit Teil 1, „Über Erfahrungen sprechen". Dafür haben Sie ja schon etwas vorbereitet. Fangen Sie doch bitte an, Herr/Frau (Teilnehmer/in A), und sagen Sie uns, welches Thema Sie gewählt haben.

Teilnehmer/in A

Ich möchte über eine Person sprechen, die in meinem Leben sehr wichtig war. Und zwar war es meine Klassenlehrerin in der Mittelschule. Ich war als Kind nicht sehr beliebt. Ich hatte nur zwei Freunde und meine Klassenkollegen machten sich immer über mich lustig. Ich wusste gar nicht wieso, und einmal als mich meine Klassenkollegen wieder ärgerten, ist meine Klassenlehrerin gekommen. Sie hat mich an der Hand genommen und ins Lehrerzimmer geführt. Dort hat sie mir erklärt, dass die anderen Kinder mich nur ärgern, weil sie auch gerne so schlau wären, wie ich. Ich wusste davor nicht, dass nicht alle wie ich denken. Erst in der Uni habe ich gemerkt, dass es sehr große Unterschiede im Denken der Menschen gibt. Das hat mich motiviert, fleißiger zu lernen und viel Zeit in mein Studium zu investieren. Inzwischen habe ich viele Menschen getroffen, die noch viel intelligenter sind als ich. Ich bin immer froh, mit solchen Menschen zusammenzuarbeiten, weil ich von Ihnen viel lernen kann.

Prüfer/in

Vielen Dank, Frau/Herr (Teilnehmer/in A). Würden Sie, Frau/Herr (Teilnehmer/in B), bitte Anschlussfragen zu dem Redebeitrag stellen?

Teilnehmer/in B

Hast du noch Kontakt mit deiner Klassenlehrerin?

Teilnehmer/in A

Ja, als ich so richtig verstanden habe, was sie meinte, habe ich ihr eine lange E-Mail geschrieben und mich bei ihr bedankt. Seitdem sind wir regelmäßig in Kontakt.

Teilnehmer/in B

Denkst du, dass deine Lehrerin auch eine sehr intelligente Person ist?

Teilnehmer/in A

Oh, ja! Sie weiß sehr viele Dinge, viel mehr als ich. Einmal habe ich sie gefragt, warum sie Lehrerin geworden ist. Sie hat geantwortet, damit sie Menschen wie mir helfen könne, ihren Weg zu finden. Sie ist eine sehr gutherzige Person.

Prüfer/in

Danke, und nun bitten wir Sie, Frau/Herr (Teilnehmer/in B), um Ihren Redebeitrag. Nennen Sie uns doch Ihr Thema und fangen Sie bitte an.

Teilnehmer/in B

Also, ich möchte über eine wichtige Erfahrung, die ich in meinem Leben gemacht habe, sprechen. Als ich in Kanada studiert habe, habe ich auch viel Musik aufgenommen. Ich habe immer Musik gemacht, die mir sehr nahe stand. Also, ich habe sehr viel mit meinen Gefühlen gearbeitet. Und wenn ein Song fertig war, dann konnte ich immer alle Gefühle, die in dem Song stecken, fühlen. Ich habe auch einen Song für meine damalige Freundin gemacht. Ich habe all meine Liebe in den Song gesteckt. Diese Liebe habe ich auch gefühlt, als der Song fertig war. Aber meine Freundin fand das Lied sehr traurig und hat immer geweint, wenn sie es gehört hat. Weil ich ihre Reaktion nicht verstehen konnte, habe ich den Song vielen verschiedenen Leuten gezeigt und alle Reaktionen waren unterschiedlich. Damals habe ich gelernt, dass ich mit Musik zwar meine Gefühle ausdrücken kann, aber die Reaktionen der Menschen, die die Musik hören, nicht kontrollieren kann. Das war sehr wichtig für mich, da ich gelernt habe, die Gefühle anderer Menschen einfach zu akzeptieren.

Prüfer/in

Besten Dank. Frau/Herr (Teilnehmer/in B), nun stellen Sie doch, Frau/ Herrn (Teilnehmer/in A), bitte weiterführende Fragen zu ihrem/seinem Beitrag.

Teilnehmer/in A

Machst du immer noch gefühlvolle Musik?

Teilnehmer/in B

Derzeit habe ich sehr viel an der Uni zu tun, daher habe ich kaum Zeit für meine eigene Musik. Aber hin und wieder probiere ich, das Gelernte in einer gefühlvollen Melodie umzusetzen.

Teilnehmer/in A

Ich verstehe. Was inspiriert dich zum Musik machen?

Teilnehmer/in B

Meistens ist es einfach ein Gedanke, der kommt. Oft muss ich mich auch einfach hinsetzen und mit der Arbeit beginnen und die Inspiration kommt dann irgendwann. Ich habe kein spezielles Ritual.

Prüfer/in

Vielen Dank.

Teil 2 Beispielantwort

Prüfer/in

Nun kommen wir zur Diskussion. Hierfür haben Sie ja schon einen Text zu dem Thema „Pendler leiden unter dem Wohnungsmangel" gelesen. Würden Sie sich bitte zunächst zum Text äußern? Danach diskutieren Sie miteinander, wobei Sie auch Ihre eigenen Erfahrungen und Meinungen einbringen. Bitte sehr, Frau/ Herr (Teilnehmer/in B), fangen Sie an.

Teilnehmer/in B

In dem Text geht es um die Frage, ob ein Tag im Homeoffice gut für Pendler ist oder nicht. Es wird behauptet, dass es zwar ein wenig Erleichterung bringen kann, aber nicht das Problem löst. Weiter werden drei Probleme angeführt, die mit dieser Maßnahme nicht gelöst werden können. Erstens, der Mangel an leistbaren Wohnungen wird mit dieser Lösung gar nicht angesprochen. Zweitens wird erwähnt, dass die Umweltverschmutzung durch einen Tag weniger pendeln nicht weniger wird. Zudem wird die Übermüdung der Pendler, die zu vielen Unfällen führt, angesprochen. Was denkst du über den Text?

Teilnehmer/in A

Im Großen und Ganzen stimme ich dem Text zu. Soweit ich das beurteilen kann, können die vielen Probleme der Pendler nicht mit einem Tag im Homeoffice gelöst werden. Ich denke, dass es natürlich eine Erleichterung für Pendler ist, wenn sie einen Tag zuhause arbeiten können. Aber nicht alle Menschen haben zuhause einen guten Platz zum Arbeiten. Wenn jemand kleine Kinder zuhause hat, kann man sich nicht konzentrieren und nicht richtig arbeiten. Wie siehst du die Sache?

Teilnehmer/in B

Die Verordnung verpflichtet nicht zum Homeoffice. Wer nicht zuhause arbeiten kann, muss es auch nicht. Ich finde daher, dass die Verordnung eingesetzt werden soll, während man an weiteren Lösungen für die anderen Probleme arbeitet. Denn die Personen, denen es hilft, können dann das Homeoffice nutzen, bis es eine bessere Lösung gibt. Und neue Wohnungen zu bauen, kostet auch viel Zeit.

Teilnehmer/in A

Ja, da hast du recht. Meinem Erachten nach sind mehr geförderte Wohnungen die einzige Lösung für dieses Problem. Allerdings kosten geförderte Wohnungen dem Staat viel Geld und es dauert auch lange, bis sie fertig sind. Vielleicht ist es einfacher, die Mietpreise in der Stadt durch Regulierungen zu senken. Dadurch sind viele Wohnungen leistbarer und Pendler können umziehen.

Teilnehmer/in B

Ich kann das, ehrlich gesagt, nicht ganz nachvollziehen. Ich finde, der Wohnungsmarkt sollte ein freier Markt bleiben. Der Staat sollte nur Wohnungen verwalten, die er auch gebaut hat. Ein positiver Aspekt der neuen Verordnung ist, dass es den Arbeitnehmern etwas Freiheit gibt. Es wirkt sich auch bekanntlich positiv auf Stress aus, wenn man freier ist. Zusätzlich bin ich für den Ausbau von öffentlichen Verkehrsmitteln und für günstigere Angebote für Pendler. Nicht nur ist die Übermüdung ein Problem, auch die Belastung durch die Spritkosten ist hoch.

Teilnehmer/in A

Ich verstehe deine Ansicht. Ich bin zwar etwas anderer Meinung, was die Mietpreisregelung betrifft, aber ich gebe dir hinsichtlich des öffentlichen Verkehrs recht. Ein Ausbau der öffentlichen Verkehrsmittel sollte Hand in Hand mit neuen Wohnungen gehen. Somit können einige Arbeitnehmer weiterhin weiter weg wohnen, aber die, die möchten, können in die Stadt ziehen.

Teilnehmer/in B

Ja, da stimme ich dir zu. Und wenn die Neubauten auch umweltfreundlich sind, wird auch das Problem der Umweltverschmutzung angesprochen. Zusammenfassend möchte ich sagen, dass der Bund mehr Geld zur Lösung dieses Problems in die Hand nehmen muss.

Teilnehmer/in A

Da hast du völlig recht. Alles in allem finde ich die Homeoffice-Regelung nicht schlecht, aber es ist nur eine Erleichterung, keine Lösung.

Prüfer/in

Vielen Dank.

Teil 3 Beispielantwort

Prüfer/in

Nun machen wir weiter mit Teil 3. Sie sollen gemeinsam etwas planen. Das Aufgabenblatt dazu kennen Sie ja schon. Fangen Sie doch bitte an, Frau/Herr (Teilnehmer/in A), und sagen Sie, welche Vorschläge Sie haben.

Teilnehmer/in A

Wie du weißt, müssen wir eine kulinarische Tour für Senioren durch Deutschland, Österreich oder die Schweiz machen. Da wir beide in Österreich leben, würde ich vorschlagen, dass wir die Tour in Österreich machen. Was hältst du davon?

Teilnehmer/in B

Ja, das habe ich mir auch gedacht. Allerdings könnte eine Tour in ein anderes Land auch sehr interessant sein. So können wir auch etwas über die Speisen in einem anderen Land lernen. Ich habe vor Kurzem einen Artikel über Köstlichkeiten in der Schweiz gelesen und es klingt sehr verlockend.

Teilnehmer/in A

Jetzt wo du es sagst, finde ich das eigentlich auch eine gute Idee. In der Schweiz spricht man ja auch viele Sprachen, sie haben bestimmt auch viele leckere Gerichte. Planen wir die Tour in die Schweiz. Wie lange sollte die Tour dauern?

Teilnehmer/in B

Ich denke, fünf Tage sind ideal. Dann können wir jeden Tag vormittags von einem Ort zum nächsten fahren und dort zu Mittag und zu Abend essen und dazwischen einen Spaziergang machen. Was hältst du davon?

Teilnehmer/in A

Ja, das klingt nach einem guten Plan. Lass uns überlegen, was wir alles essen möchten. Mir fallen ganz spontan nur Schokolade und Käse ein. Wir könnten zum Beispiel eine Schokoladenfabrik besuchen. Was hältst du davon?

Teilnehmer/in B

Ja, das klingt sehr gut. Auch eine Käserei wäre bestimmt interessant. Das Käsefondue ist auch bekannt in der Schweiz. Ich weiß auch, dass sie viel mit Kartoffeln kochen und gerne Müsli essen. Auch Wurst spielt eine große Rolle in der Schweizer Küche.

Teilnehmer/in A

Mir läuft jetzt schon das Wasser im Mund zusammen. Am besten planen wir eine Reise mit einem Halt in jedem sprachlichen Gebiet. Wie wäre Bern als Ausgangsort?

Teilnehmer/in B

Das ist eine Spitzenidee. Wir können danach weiter nach Genf fahren, dort spricht man Französisch. Aus der französischen Schweiz kommt das Fondue. Wir können Schoko- und Käsefondue essen. Wie findest du das?

Teilnehmer/in A

Das klingt super! Danach können wir in die italienische Schweiz fahren. Weißt du, was man dort essen kann?

Teilnehmer/in B

Nein, das weiß ich leider nicht. Aber ich bin mir sicher, man kann etwas Leckeres im Internet finden. Ich suche später eine Köstlichkeit und ein Restaurant, in dem wir sie essen können.

Teilnehmer/in A

Sehr gut. Ich weiß auch nicht, welche Spezialitäten es im Osten der Schweiz gibt. Ich werde einmal danach suchen. Wie wäre es, wenn wir den letzten Stopp in Zürich machen?

Teilnehmer/in B

Oh ja! Dort wurde, glaube ich, das Müsli erfunden. Da es der letzte Tag ist, können wir die Gruppe nach dem Mittagessen nach Hause schicken, oder?

Teilnehmer/in A

Ja, ich denke, das ist eine gute Idee. Es müssen ja auch noch alle nach Hause reisen. Wir brauchen noch Unterkünfte für die Senioren. Wir müssen in jeder Stadt ein Hotel buchen und in den Restaurants reservieren.

Teilnehmer/in B

Ja, du hast recht. Wie wäre es, wenn wir uns die Städte aufteilen. Ich mache Bern und den italienischen Teil und du suchst Hotels und Restaurants in Genf und dem Osten der Schweiz.

Teilnehmer/in A

Ja, okay, gut, so machen wir das. Sollen wir noch ein Budget festlegen? Ich denke, ein Hotelzimmer sollte nicht mehr als 50 € die Nacht kosten. Die Senioren bekommen nicht viel Geld durch die Pension.

Teilnehmer/in B

Aber 50 € sind für die Schweiz zu wenig. Meiner Meinung nach sollten wir mit 100 € rechnen. Senioren geben oft viel Geld auf Reisen aus, weil sie sonst kaum Ausgaben haben.

Teilnehmer/in A

Das ist sehr viel Geld, aber ich denke, du hast recht. Dann suchen wir nach Hotels bis zu 100 Euro. Müssen wir sonst noch etwas planen?

Teilnehmer/in B

Ja, wir brauchen noch einen Bus für die Reise. Ich kenne jemanden, der bei einem Busunternehmen arbeitet. Ich rufe ihn an und frage, wie viel ein Bus für 5 Tage kostet.

Teilnehmer/in A

Oh, das ist spitze. Danke!

Teilnehmer/in B

Gut. Ich denke, wir haben alles erledigt. Lass uns in einer Woche noch einmal darüber sprechen.

Teilnehmer/in A

Ja, ist gut. Bis dann.

Teilnehmer/in B

Bis dann.

Prüfer/in

Vielen Dank. Die Prüfung ist beendet. Das Ergebnis wird Ihnen in wenigen Wochen mitgeteilt.

Quellenangaben

[1] https://www.spiegel.de/kultur/dresden-verschollenes-gemaelde-nach-70-jahren-bei-den-staatlichen-kunstsammlungen-a-a0b002dd-5fa8-4add-a0c4-5ef1262f83b6

[2] https://www.spiegel.de/panorama/leute/bella-hadid-litt-unter-toxischen-beziehungenich-kannte-keine-grenzen-mehr-a-3b3e8880-f9dc-4f33-a2d2-b56fe261f454

[3] https://www.spiegel.de/panorama/bildung/wohnen-fuer-studierende-wird-noch-teurer-aber-nur-leicht-a-e487f717-52f6-4f6c-8a80-5628ec131f11

만약 위 Quellenangaben으로 내용 확인이 어려운 경우 해당 QR코드로 확인하시기 바랍니다.